瞪羚图书
Gazelle Book

编制细节 + 方法详解 + 经营分析

现金流量表

马兴伟　刘怀建　著

机械工业出版社
CHINA MACHINE PRESS

本书从现金流量表的底层逻辑出发，介绍了现金流量表的总体概况，以及在编制、分析现金流量表时遇到的常见"疑难杂症"，提出了针对性的解决方法。本书全面介绍了编制现金流量表的五种重要方法，即工作底稿法、T型账户法、分析填列法、财务软件编制法和按每笔现金及银行存款项目汇总的编制方法，并且将工作底稿法作为最为地道的现金流量表编制方法进行推广；系统讲述了如何解读现金流量表，进而合理制定、调整企业的经营策略。读者在学习现金流量表编制方法的同时，能够结合书中案例，做到及时理解和复盘，既保证报表编制清晰准确，又能够分析报表、辅助经营决策。本书是财务、审计从业者进行现金流量表编制、分析的实用工具书，对于高效分析处理相关业务具有参考价值。

图书在版编目（CIP）数据

现金流量表：编制细节+方法详解+经营分析 / 马兴伟，刘怀建著. -- 北京：机械工业出版社，2024. 12.
ISBN 978-7-111-77015-2

Ⅰ. F231. 5

中国国家版本馆CIP数据核字第2024DK6049号

机械工业出版社（北京市百万庄大街22号 邮政编码100037）
策划编辑：曹雅君　　　　　　　责任编辑：曹雅君　蔡欣欣
责任校对：龚思文　李　婷　　　责任印制：单爱军
保定市中画美凯印刷有限公司印刷
2025年1月第1版第1次印刷
170mm×230mm·14印张·1插页·183千字
标准书号：ISBN 978-7-111-77015-2
定价：79.00元

电话服务　　　　　　　　　　网络服务
客服电话：010-88361066　　机 工 官 网：www.cmpbook.com
　　　　　010-88379833　　机 工 官 博：weibo.com/cmp1952
　　　　　010-68326294　　金 书 网：www.golden-book.com
封底无防伪标均为盗版　　机工教育服务网：www.cmpedu.com

前　言

在当今商业社会中，企业的运营与发展离不开资金的流动，而现金流则是企业资金流动的核心。现金流量的健康与否，直接关系到企业的生存与发展。因此，对于现金流的认识、理解以及管理，已成为每一位企业家和财务工作者必须掌握的重要技能。本书正是基于这一背景，旨在为读者提供一本全面、系统、深入的现金流知识手册。

本书分为三个部分。第一部分"认识现金流"，主要介绍了现金流的基本概念、现金流量表的重要性以及相关规范。通过这一部分的学习，读者将能够清晰地理解现金流的含义、作用和地位，为后续的学习和实践奠定坚实的基础。

第二部分"编制现金流量表"，则是对现金流量表编制方法和技巧的详细阐述。从编制现金流量表的前期准备，到编制公式的运用，再到各项目的填列与合并，以及编制过程中需要注意的事项，本书都进行了详尽的讲解。通过这一部分的学习，读者能够掌握现金流量表的编制方法，提升财务管理的专业水平和实操能力。

第三部分从现金流的角度深入剖析了企业经营的各个方面，揭示了现金流对企业运营的重要性，探讨了如何通过现金流解决企业经营中的实际问题。最后，从战略层面出发，探讨了如何从现金流角度规划企业经营战略，以实现企业的长远发展和稳定盈利。这部分内容对企业管理者及财务人员理解和应用现金流知识具有重要的参考价值。

在编写本书的过程中，我们力求做到内容全面、条理清晰、语言简洁。同时注重理论与实践的结合，通过大量的案例分析和实操指导，帮助读者更好地理解和应用所学知识。

现金流管理是企业财务管理的重要组成部分，它涉及企业的筹资、投资、运营等各个环节。健康的现金流不仅可以保障企业的正常运转，还可以为企业的快速发展提供有力支撑。因此，学习和掌握现金流知识，对于每一位企业家和财务工作者来说，都是至关重要的。

本书既适合初学者入门学习，也适合具有一定财务知识基础的人士进阶提升。无论你是企业家、财务工作者，还是对财务管理感兴趣的读者，都可以从本书中获得宝贵的知识和启示。

我们衷心希望，通过本书的学习，读者能够深入理解现金流的本质和规律，掌握现金流量表的编制技巧，为企业的财务管理和决策提供更加科学、准确的依据。同时，我们也期待读者能够在实践中不断探索和创新，将现金流管理的理念和方法应用到实际工作中，为企业的发展贡献自己的力量。

最后，我们要感谢钟卫平老师、马苗苗在收集资料等方面提供的协助，以及瞪羚图书的编辑老师们对本书策划、编写与出品提供的支持和帮助。同时，我们也要感谢广大读者对本书的关注和信任。我们将继续努力，不断提升自己的专业素养和创作水平，为大家提供更多更好的作品。

愿本书能够成为你学习和实践现金流管理的良师益友，陪伴你在财务管理的道路上不断前行，共创美好未来！

作　者

目　录

第三部分 从现金流分析企业经营

第一部分
认识现金流

现金流作为企业经营活动的血脉，其重要性不言而喻。本部分将引领您走进现金流的世界，从认识现金流开始，逐步解构现金流量表，深入剖析其背后的经济含义。我们将探讨现金流与现金流量表的基本概念，分析现金流量表的结构和组成要素，以及如何利用现金流量表揭示企业的经营状况和风险情况。通过学习，您将对现金流有一个全面的认识，为后续的现金流量表编制和分析打下坚实基础。

第1章
现金流与现金流量表

1.1　什么是现金流

现金流的概念与缘起

现金流（Cash Flow）又称现金流量，是现代理财学的概念，是指企业或个人在一定时期内按照现金收付制[⊖]，通过经济活动，包括经营、投资、融资和非经常性项目等产生的现金和现金等价物的流入和流出的数量。

在我国财政部发布的《企业会计准则——现金流量表》中，将现金流分为三类，如表1-1所示。

表1-1　现金流的三种类型

序号	现金流的类型	基本内容
1	经营现金流	指企业投资活动和筹资活动以外的所有交易和事项，如销售收入、采购成本、人员工资等
2	投资现金流	指企业长期资产的购建和不包括在现金等价物范围内的投资及其处置活动，如购置固定资产、投资股票等
3	融资现金流	指导致企业资本及债务规模和构成发生变化的活动，如借款、发行债券等

现金流通常可以用来衡量一个企业或个人的财务状况和经营能力。通

⊖　现金收付制：现金收付制又称现金基础，是以款项是否在本期内实际收到或付出，作为确定本期收益和费用的标准。采用这一标准处理会计事项，凡是在本期内实际收到的收入，不论该项收入是否应归属本期，都作为本期的收入来处理；同样，凡是在本期内实际付出的费用，也不论该项费用是否应归属本期，均作为本期的费用处理。

常情况下，现金流越充裕，企业或个人的财务状况和经营能力就越好。因此，企业或个人要想获得持续经营的能力，必须重视对现金流的管理。

那么，现金流这个概念是如何发展起来的呢？我们可以从下面的材料来看看其发展历程。

现金流量表是由最初的资金流量表逐步演变而来的，其运用可以追溯到 19 世纪 60 年代。在 1862 年，英国的一些公司就已经开始编制资金流量表，而 1863 年美国北方钢铁公司编制的"财务交易汇总表"可以说是资金流量表的雏形。当时的资金流量表主要用于记录现金、银行存款及邮票的变动情况。

到 20 世纪初，资金流量表已发展成四种不同形式，分别用来揭示现金、现金及其等价物、营运资金及某一时期的全部财务资源的现金流量。

1963 年，美国会计原则委员会根据佩里·梅森起草的报告发布了《第 3 号意见书》，这可以说是最早也最具权威性的关于资金流量表的报告。该意见书将资金流量表表述为"资金来源及运用表"，作为资产负债表和损益表的补充信息。

1971 年，美国会计原则委员会发布了《第 19 号意见书》，取代了《第 3 号意见书》。《第 19 号意见书》将这一时期的"资金来源及运用表"叫作"财务状况变动表"，规定编制财务状况变动表可以以现金为基础，也可以以营运资金为基础，还可以以全部财务资源为基础，在实践中大多数企业以营运资金为基础编制财务状况变动表。自 1973 年 9 月 30 日起，财务状况变动表作为一张基本财务报表，正式在美国的会计实务中得到全面应用。

1978 年，美国财务会计准则委员会（FASB）在《财务会计概念公告第 1 号》中正式指出，会计的首要目标是使投资者和债权人形成关于未来现金流量的期望。而无论是投资者还是债权人，只有预期现金流量的折现值至少等于投资成本时，方可投出资金。关键问题是提供什么信息给投资者和债权人，使他们确立对其投资的期望值，以做出正确的投资决策。由于未来现金流量无法确切地预计，提供个别的（而非通用的）报表基于成本—效益考虑也是可行的。因此，典型的替代方法是提供企业作为一个整体的历史现金流量信息。以历史现金流量信息预测未来现金流量。这样使得企业提供历史现金流量报表成为必然。

自 20 世纪 80 年代以来，现金流量信息已经成为企业财务报表不可或缺的重要组成部分。国际上于 1977 年 10 月发布了《国际会计准则第 7 号——财务状况变动表》。美国财务会计准则委员会于 1987 年 11 月发布了《财务会计准则公告第 95 号——现金流量表》，取代了会计准则委员会第 19 号意见书要求编制财务状况变动表的规定。国际会计准则委员会于 1992 年对《国际会计准则第 7 号——现金流量表》进行了修订，取代了 1977 年发布的现金流量准则。自此，编制现金流量表成为财务会计的一个国际惯例。[一]

从上面的材料中我们可以看出，现金流量表的发展不是一蹴而就的，它经历了一段漫长的发展过程。如果以 20 世纪 70 年代为界，此前的现金流量表经历了萌芽和初具雏形两个发展阶段，不过其编制格式、内容等尚不规范，此后的现金流量表则日趋完善，真正在会计实务中得到全面应用，并逐渐得到广泛认可，成为国际惯例。

现金流的作用和重要性

现金流在现代企业经营中具有重要作用，编制现金流量表能够提供有关企业现金收支情况的详细信息，包括经营、投资和筹资活动对现金流量的影响，有助于用户进行经济决策和评估企业的偿债能力、现金流量风险和盈利能力等方面的情况。

一般而言，受到分析主体和分析的服务对象不同的制约，不同主体的

㊀ 申牡丹. 现金流量表的发展及其作用 [J]. 山西财经大学学报，2013，35（S2）：65. 引用有所删减。

目的不同，不同的服务对象所关心的问题也不同，现金流量表的编制的作用也就不同。

（1）投资者和债权人。

现金流对于投资者和债权人的作用，主要有如下三点。

一是帮助投资者和债权人评估该公司未来的现金流量。

投资者、债权人从事投资与信贷的主要目的是增加未来的现金资源。"利润是直接目标，经济效益是核心目标"。他们在进行相关决策时，债权人必须考虑利息的收取和本金的偿还，而投资者必须考虑股利的获得及股票市价变动利益甚至原始投资的保障。这些问题均取决于公司本身现金流量的金额和时间。因此，只有公司能产生有利的现金流量，才能有能力还本付息、支付股利。

二是帮助投资者、债权人评估公司偿还债务、支付股利以及对外筹资的能力。

评估公司是否具有偿还债务、支付股利以及对外筹资的能力，最直接有效的方法是分析现金流量。企业经营活动的净现金流入量从本质上代表了公司自我创造现金的能力，尽管公司可以通过对外筹资的途径取得现金，但企业债务本息的偿还有赖于经营活动的净现金流入量。因此，如果经营活动的净现金流入量在现金流量的来源中占有较高比例，则公司的财务基础就较为稳定，偿债能力和对外筹资能力也就越强。

通过对现金流的分析，投资者和债权人可以更好地了解公司的财务状况和偿债、支付股利以及对外筹资的能力，从而做出更明智的决策。

三是排除通货膨胀的影响，减少投资者利用会计报表信息的决策失误。

在通货膨胀的环境下，货币的购买力下降，传统会计报表披露的利润失去了真实性。因而无论公司向外融资还是缩小经营规模，传统会计模式都会使利润与现金资源的差距扩大。在资本市场上这种情形会反过来降低公司股票的吸引力，使公司财务问题更加恶化。对投资者、债权人而言，

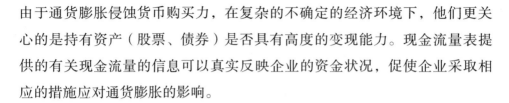

由于通货膨胀侵蚀货币购买力，在复杂的不确定的经济环境下，他们更关心的是持有资产（股票、债券）是否具有高度的变现能力。现金流量表提供的有关现金流量的信息可以真实反映企业的资金状况，促使企业采取相应的措施应对通货膨胀的影响。

（2）企业。

对于企业来说，现金流在企业中扮演着非常重要的角色，了解和管理现金流对企业的可持续发展和成功至关重要。

现金流可以衡量企业的健康状况和财务稳定性。一个企业的现金流情况反映其能否及时支付债务、满足日常运营需求以及是否具有投资和扩张的能力。如果企业的现金流持续稳定且充裕，那么它更有可能在竞争激烈的市场中生存和发展。

现金流对企业的决策非常重要。通过分析现金流，企业能够更好地评估投资回报率、制订预算计划以及决定是否进行资本支出和增加债务。准确了解现金流情况还可以帮助企业避免过度依赖外部融资以及降低财务风险。

此外，现金流还对企业的经营能力和效率有着直接影响。良好的现金流管理可以帮助企业优化供应链、加强库存管理以及更好地控制应收账款和应付账款。这些措施可以缩短现金流周期，提高资金周转率，从而提高企业的盈利能力和竞争力。

（3）会计报表用户。

分析现金流便于会计报表用户分析本期净利润与经营活动现金流量之间产生差异的原因，排除权责发生制下人为因素对会计信息的影响。

就企业全部经营时间而言，创造净利的总和应等于结束清算、变卖资产并偿还各种债务后的净现金流入。但由于会计分期假设和执行权责发生制，企业在某一会计期间实现的净利润并不正好等于当期经营活动产生的现金流量，一般情况下，两者存在差异。从短期看，损益确认的时间与现金收付的时间不可能完全保持一致，以致有些年份有净利而无现金，有些年份刚好相反。用现金流量表分析本期净利润与经营活动产生的现金流量之间的差异及原因，便于投资者、债权人更合理地预测未来的现金流量。

在某一会计期间，由于责权发生制的固有缺陷，给人为调节收益留有余地，如通过虚列债权和收入的手段虚增利润等，会造成会计信息失真。但在收付实现制下由于虚增的利润并不能产生现金流量增量，因而企业以收付实现制为基础编制的现金流量表难以"粉饰"经营业绩，从而促使企业加强债权、债务管理，提高盈利能力，以增强现金支付能力，同时也有利于投资者和债权人结合企业现金流量信息，而不是单凭年度利润数据做出正确的决策。

此外，分析现金流还有助于会计报表用户评估报告期内与现金无关的投资及筹资活动。

现金流量表除了披露经营活动、投资活动和筹资活动的现金流量之外，还可以披露与现金收付无关，但是对企业有重要影响的投资及筹资活动，这对于会计报表用户制定合理的投资与信贷决策，评估公司未来现金流量同样具有重要意义。

总而言之，现金流在企业经营、投资、融资等各项活动中都具有重要作用，它反映了企业的财务健康状况，对于制定决策、提高经营效率、吸引投资者和贷款机构都至关重要。因此，企业需要定期监控和管理现金流，以确保其持续稳定并符合运营和发展的需要。

1.2 为什么要重视现金流量表

什么是现金流量表

现金流量表（Statement of Cash Flows）是以现金和现金等价物为基础

编制的，反映了企业在一定期间内现金流入、流出情况的财务报表，表明企业获取现金及现金等价物的能力。我国《企业会计准则——现金流量表》中所指现金流量是企业现金和现金等价物的流入和流出。

其中，现金流量表中所称的现金，与日常财务会计工作中所讲的现金有所不同。现金流量表所称的现金有两层意思，一是指库存现金，二是指可以随时用于支付的存款。

现金流量表中所称的现金等价物是指企业持有的期限短、流动性强，易于转换为已知金额现金、价值变动风险很小的交易性金融资产。现金等价物通常期限较短，一般是指从购买日起，三个月内到期，如可在证券市场上流通的三个月到期的短期债券投资等；而长于三个月的，即使在编制现金流量表时离到期已不到三个月的短期债券投资也不能作为现金等价物。还有一种情况，如果将这部分资产短期投资于股票，即使持有期在三个月内，也不能列入现金等价物的范围内，这是由于股票价格的波动性不符合"易于转换为已知金额现金"及"价值变动风险小"这两个前提条件。

现金流量表的必要性和局限

现金流量表作为企业的三大财务报表之一，对企业经营、投资、融资和非经常性活动具有重要意义。

（1）弥补资产负债表信息量的不足。

资产负债表主要体现了资产、负债和所有者权益三个会计要素的期末余额，而损益表则表现了收入、费用、利润三个会计要素的本期累计发生额。在资产负债表中，资产、负债、所有者权益等三个会计要素的发生额无法有效体现，如此一来，本期的发生额与本期净增加额就难以得到合理利用。现金流量表则可以明确地帮助管理者了解企业资产、负债、所有者权益的增减发生额，以及现金变动的具体原因。

（2）便于了解企业筹措现金、生成现金的能力，有助于预测企业未来现金流量，便于从现金流量的角度对企业进行考核。

现金流量表是一种财务报表，它主要报告了企业现金流的情况，包括经营活动的现金流入和流出、投资活动的现金流入和流出以及筹资活动的现金流入和流出。通过现金流量表，可以了解企业从经营活动、投资活动和筹资活动中获取现金的能力，以及这些活动对企业现金流的影响。

另外，现金流量表还可以反映企业的偿债能力、支付能力、现金周转能力等，从而帮助企业更好地管理资金，制定合理的财务策略。

（3）有助于评价企业现金支付能力、偿债能力和现金周转能力。

现金流量表可以反映企业当期现金的流入和流出情况，从现金流量的角度了解净利润的质量，为分析和判断企业的财务前景提供信息；可以弥补资产负债表信息量的不足，便于了解企业筹措现金、生成现金的能力，有助于预测企业未来现金流量，便于从现金流量的角度对企业进行考核；有助于评价企业现金支付能力、偿债能力和现金周转能力，可以按照经营活动产生的现金流量净额为标准评价企业的偿债能力。

（4）有助于分析企业收益质量及影响现金净流量的因素，掌握企业经营活动、投资活动和筹资活动的现金流量，可以从现金流量的角度了解净利润的质量，为分析和判断企业的财务前景提供信息。

不过尽管现金流量表有如此强大的功能，但其局限性也不容忽视。

现金流量表的局限首先在于其忽略了非现金交易。因为现金流量表的编制基础是收付实现制，即只记录当期现金收支情况，而不考虑这些现金流动是否归属于当期损益，甚至不考虑是否归企业所有。同时，现金流量表也忽略了企业的非现金交易，例如固定资产折旧、无形资产摊销等费用，这些费用也会影响企业的利润和现金流，但无法在现金流量表中直接体现。因此，企业当期经营的业绩与"经营活动现金净流量"并没有必然联系。

其次，现金流量表只能作为一种时点报表来使用，即作为针对某一时点内关于企业货币资金项目的信息表，而这类特定时点的"货币资金"余额是很容易被操纵的。

最后是编制方法存在缺憾。如绝大多数企业仍然采用间接法，通过对"净利润"数据的调整来计算"经营现金流量净额"，但这一方法的缺陷是非常明显的。这点我们在后面的编制环节中会详细展开阐述。

因此，针对现金流量表存在一些客观上的缺陷，在评估企业的财务状况时，需要将现金流量表与其他财务报表相结合，例如资产负债表和利润表等，才能更全面地了解企业的财务状况。

企业 3 张财务报表的比较与勾稽关系

资产负债表（Balance Sheet）、利润表（Income Statement）和现金流量表是企业财务报表中的三个重要组成部分，被业内称为"企业财务三大报表"。三者的关联关系可以用图 1-1 来表示。

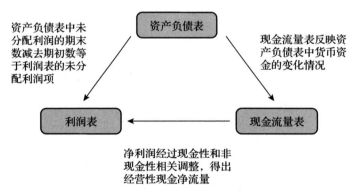

图 1-1 资产负债表、利润表和现金流量表的关系

其中，资产负债表反映了企业资产、负债和所有者权益的总体情况。它主要关注的是企业"现在"的情况，比如现在有多少资产，有多少负债，以及所有者权益是多少。资产负债表是财务状况表，它展示了一家公司资产和负债的概况。

利润表反映了企业在一定期间内的收入、成本和利润情况。利润表主要关注的是企业"过去"的情况，比如在过去一年中收入是多少，成本是多少，以及利润是多少。利润表是业绩表，它提供了一家公司的盈利情况。

现金流量表则反映了企业在一定期间内的现金流入和流出情况。它主要关注的是"未来"的情况，比如未来公司的现金流量将如何变化。现金流量表是财务计划表，它展示的是一家公司现金的来源和使用情况。

这里想说明的是，我国财务报表的实际利用的现状是现金流量表的分析利用远落后于资产负债表和利润表的分析利用。

在竞争激烈的市场中，企业往往遵循所谓"现金为王"的原则，因为企业的现金流往往决定了企业的生死存亡。但目前，企业无论是偿债能力、盈利能力还是发展能力，最终均会体现为当前现金流入的能力及未来的现金流出能力，而投资者和债权人对未来现金流入现值的预测也是其进行决策的主要影响因素。

综合来说，资产负债表、利润表和现金流量表分别反映了企业的财务状况、经营业绩和现金流量情况。这三者相互独立，又环环相扣，联系紧密。其中，现金流量表是连接资产负债表和利润表的桥梁，起着纽带作用。资产负债表是时点数，利润表和现金流量表都属于期间报表[⊖]。

资产负债表、利润表和现金流量表还存在勾稽关系，主要表现如下。

（1）资产负债表与利润表。

比如，一个朋友开了一家服装店，刚开始的时候投入了100万元的资金来采购商品和支付店铺租金等费用，这就是这位朋友的资产负债表中的资产项目。之后，他通过销售商品赚取了50万元的收入，同时又支出了30万元的成本费用，最终这位朋友本年度的净利润就是20万元。这个20万元就会反映在服装店的利润表上。也就是说，资产负债表中的未分配利润

⊖ 期间报表：指的是利润表和现金流量表都是反映企业在一定期间内（如一个月、一年等）的经济活动情况的报表，即它们都是期间报表。

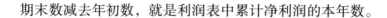

期末数减去年初数，就是利润表中累计净利润的本年数。

（2）资产负债表与现金流量表。

比如，这位朋友经营服装店后，从银行提取了 10 万元现金来支付供应商的款项，这笔现金的流出会反映在他的现金流量表中的现金流出项目上。此外，这位朋友还需要支付员工的工资和店铺的租金等费用，这些现金的流出也会反映在现金流量表中的其他经营现金流出项目上。也就是说，资产负债表中的货币资金（含现金、银行存款和其他货币资金）就是现金流量表中的现金流量净额。

（3）利润表与现金流量表。

比如，这位朋友的服装店在这一年度赚取的 20 万元净利润中，有 10 万元已经收到了现金，另外 10 万元是应收账款。这 10 万元的现金收入会反映在他的现金流量表中的销售商品收到的现金项目中。也就是说，现金流量表的现金流入净额减去现金流出净额就是利润表中的现金流量净额。

资产负债表、利润表和现金流量表三者之间的勾稽关系有助于验证报表的准确性和完整性，并帮助投资者和管理者更好地理解公司的财务状况和经营业绩。

1.3 现金流量表的相关规范

会计准则的修订对现金流量表的影响

我国会计准则的发展历程一共经历了以下三个阶段。

第一阶段是会计准则改革起步阶段（1978—1992 年）：我国从 1979 年开始借鉴西方国家的会计基本原理，并于 1981 年开始关注国际财务报告准则，会计学会还组织翻译了国际财务报告准则供国内会计专家学者研究使用。1988 年 10 月 31 日，我国财政部正式设立了专门研究会计准则制定工作的"会计准则组"，并且最终于 1992 年 11 月 30 日正式发布《企业会计准则》，这是我国第一个与国际会计惯例相协调的会计准则，揭开了会计准则改革的序幕。

第二阶段是会计准则具体化阶段（1992—2001 年）：这一阶段会计改革全面深化。1993 年我国财政部开始了具体会计准则的制定研究工作，一直到 2001 年，我国财政部先后颁布了 16 项具体会计准则。

第三阶段是与国际会计惯例接轨阶段（2001 年至今）：2006 年 2 月 15 日，财政部发布了新《企业会计准则》（以下简称新准则），并规定于 2007 年 1 月 1 日率先在上市公司执行。新准则包括 1 项基本准则和 38 项具体准则，涵盖了各类企业的各项经济业务。

从上述发展历程可以看出，我国会计准则的发展历程经历了多个阶段，从最初的照搬苏联的会计理论，到会计准则改革起步，再到与国际会计惯例接轨，最后到持续完善，每个阶段都有其特定的背景和目标。

会计准则的发展，对现金流量表也产生了多方面的影响，主要表现如下。

首先，会计准则的改革和完善使得现金流量表的编制基础发生了变化。例如，在 1992 年的"两则两制"阶段，现金流量表的编制基础是收付实现制，而在 2006 年的企业会计准则体系中，引入了权责发生制，使得现金流量表的编制基础发生了变化。

其次，会计准则的修订对现金流量表的列报格式和内容产生了影响。例如，在 2017—2019 年，我国财政部结合政府补助和持有待售准则、收入和金融工具准则、租赁准则对报表进行了三次修订，使得现金流量表的列报格式和内容更加规范和准确。

此外，新准则对现金流量表列报的影响还包括对特定交易或事项的规范，例如长期股权投资、合并财务报表等。这些新准则对现金流量表的编制和列报提出了新的要求，使得现金流量表的编制更加规范和准确。

总之，我国会计准则的发展历程对现金流量表产生了多方面的影响，包括编制基础、列报格式和内容以及对特定交易或事项的规范等方面。这些影响有助于提高现金流量表的编制质量和准确性，有利于报表使用者进行决策和评估。

金税四期对企业编制现金流量表的影响

金税四期建设的持续推进，对于建立标准化、规范化的现金流量表编制体系、现金流量表的自动化编制等具有重要意义。金税四期对企业编制现金流量表的影响主要体现在以下几个方面。

（1）系统自动取数：现金流量表的编制过程更为简化。

数据采集更全面。金税四期通过与企业的信息系统、银行系统以及其他相关系统的对接，可以自动获取企业的所有业务数据，包括但不限于销售、采购、投资、融资等。这些数据都可以直接转化为现金流量表中的信息，从而使得企业编制现金流量表更加方便快捷。

数据质量更高。由于金税四期系统自动取数的来源是企业的业务数据，这些数据的质量相对于手工录入的数据更高，可以减少人为的错误和误差。此外，金税四期还可以通过数据比对、校验等方式，发现企业业务数据中的异常情况，从而进一步提高现金流量表的质量。

数据更可靠。金税四期系统自动取数的数据不仅来源广泛，而且可靠性也更高。这些数据都需要经过企业业务系统、银行系统或其他相关系统的审核和校验，这样可以减少人为的舞弊和欺诈行为。同时，这些数据也可以通过数据挖掘和分析等方式，发现企业现金流量中的规律和趋势，从而更好地预测未来的现金流量。

金税四期对企业编制现金流量表系统自动取数的影响主要体现在数据采

集更全面、数据质量更高、数据更可靠等方面，这些变化可以使得企业编制现金流量表更加方便快捷，同时也可以提高现金流量表的质量和可靠性。

（2）规范现金流量表编制：提高了现金流量表的准确性。

金税四期对企业编制现金流量表的影响主要体现在以下几个方面。

①促进企业落实账户实名制和加强银行账户管理。

②严查企业私设"小金库"和"账外账"等违规行为。

③规范企业纳税行为，防止企业偷税漏税。

④简化企业财务报表编制，减少企业财务人员工作量。

⑤提高企业财务报表编制质量和效率，增强企业财务透明度。

⑥强化对企业资金流动的监管，对企业违规行为起到震慑作用。

⑦增强对企业经营活动的了解，有助于评估企业的经营能力和信用等级。

金税四期通过实名制管理、现金流量监控、财务报表编制等方面的影响，规范了企业编制现金流量表的行为，提高了现金流量表的质量和效率，同时也加强了对企业的监管和震慑作用，有利于企业的长远发展。

（3）推动现金流管理：帮助企业实现现金流的动态监控和预测。

金税四期对企业编制现金流量表推动现金流管理的影响主要有如下几个方面。

现金流管理意识提高。金税四期对现金流量表的编制要求更加严格，要求企业将现金流量表作为重要的财务报表之一进行编制。这可以增强企业现金流管理意识，使得企业更加重视现金流量的管理。

现金流量的准确性和可靠性提高。金税四期通过对现金流量表的规范化、标准化和自动化编制，可以提高现金流量的准确性和可靠性。同时，通过对企业现金流量表的比对和审核，可以发现和纠正企业现金流量的异常情况，从而减少财务舞弊和误差。

现金流量的预测和管理能力提升。金税四期通过数据挖掘和分析等方式，可以帮助企业更好地预测未来的现金流量，从而更好地进行现金流量的管理和决策。同时，通过加强对企业现金流量的监管和风险控制，可以及时发现和解决企业现金流量的短缺和异常情况，减少企业的财务风险。

金税四期对企业编制现金流量表推动现金流管理的影响主要体现在增强现金流管理意识、提高现金流量的准确性和可靠性、提升现金流量的预测和管理能力等方面。这些影响可以促进企业加强现金流量的管理和控制，提高企业的财务稳健性和竞争力。

小企业会计准则是否要报现金流量表

2011 年，财务部印发了《小企业会计准则》，促进了小企业发展及财税政策的日益丰富完善，也大大简化了会计准则与税法的协调。有人问，小企业会计准则要报现金流量表吗？

其实，小企业会计准则是要报送现金流量表的。根据《小企业会计准则附录——会计科目、财务报表和主要账务处理》的相关规定，小企业的财务报表包括资产负债表、利润表、现金流量表和附注。

其中，资产负债表、利润表和现金流量表就是正常的三表，附注包括如下几点。

①遵循小企业会计准则的声明。

②短期投资、应收账款、存货、固定资产项目的说明。

③应付职工薪酬、应交税费项目的说明。

④利润分配的说明。

⑤用于对外担保的资产名称、账面余额及形成的原因；未决诉讼、未决仲裁以及对外提供担保所涉及的金额。

⑥发生严重亏损的，应当披露持续经营的计划、未来经营的方案。

⑦对已在资产负债表和利润表中列示项目与企业所得税法规定存在差异的纳税调整过程。

参见《中华人民共和国企业所得税年度纳税申报表》。

⑧其他需要说明的事项。

至于现金流量表，报表使用者可以通过现金流量表了解现金和现金等价物流入和流出的信息，评价企业获取现金和现金等价物的能力，在此基础上对企业未来现金流量进行预测。

因此，在编制财务报表时，小企业应当依据小企业会计准则的规定进行，并将现金流量表作为必要组成部分进行编制。

现金流量表的国际经验与国内外差距

现金流量表在全球范围内都是重要的财务工具，但在具体的编制和应用中，不同国家和地区可能存在一些差异。国际上对于现金流量表的编制方法、格式和内容都有较为统一的规定，以保证财务报表的可比性和一致性。这些规定主要体现在国际财务报告准则（IFRS）和美国通用会计准则（GAAP）中。

（1）国际经验。

统一的编制准则。在全球范围内，现金流量表的编制主要遵循国际会计准则（IFRS）和美国通用会计准则（U.S. GAAP）等国际性准则。这些准则为现金流量表的编制提供了统一的标准和方法。

直接法和间接法。在现金流量表的编制方法上，国际上主要采用直接法和间接法两种。直接法是按现金流入和现金流出的主要类别列示企业经营活动产生的现金流量，而间接法则是通过净利润调整经营活动现金流量。

现金等价物。国际上通常将现金等价物纳入现金流量表的范畴，认为其具有与现金相似的流动性。

（2）国内外差距。

编制方法。我国的现金流量表主要是基于直接法，即以营业收入为起算点，调整与经营活动有关的项目的增减变动，然后计算出经营活动产生的现金流量，而国际上更倾向于采用间接法，即以净利润为起算点，调整不涉及现金的收入和费用，以及经营活动带来的现金流量变动。

报表内容。在国内，现金流量表通常包括经营活动、投资活动和筹资活动三个部分，在国际上则可能还包括汇率变动对现金的影响、现金及现金等价物的期末余额等额外内容。

披露要求。在国内，现金流量表的披露要求相对较为简单，主要关注现金流入和流出的总体情况，而在国际上，现金流量表的披露要求更为详细，可能需要对每一类现金流量进行明细披露。

应用范围。现金流量表在国内主要应用于企业内部的财务管理，而在国际上，现金流量表不仅用于企业内部的财务管理，还是投资者、债权人等外部利益相关者评估企业信用和盈利能力的重要依据。

总的来说，现金流量表在国际上已经有了较为成熟的编制和应用经验，而我国在这方面也在逐步与国际接轨，但仍存在一些差距和改进空间。在实际应用中，企业应结合国内外的经验和要求，合理编制和运用现金流量表，以更好地满足内外部利益相关者的需求。

第2章
解构现金流量表

2.1 现金及现金等价物

现金及现金等价物的概念

现金流量表中的现金和现金等价物是企业财务报表中的两个重要概念，它们反映了企业的现金储备和短期投资情况。

其中，现金（Cash）指的是企业的货币资金，包括库存现金和各种形式的银行存款。库存现金是企业现场保存的现金，包括现金箱中的现金和各种硬币。银行存款则是企业在银行存放的资金，包括活期存款和定期存款。

现金等价物（Cash Equivalents）则是指企业持有的期限短、流动性强、易于转换成已知金额现金、价值变动风险较小的投资。这些投资通常包括短期债券、货币市场基金等。现金等价物也包括企业持有的银行承兑汇票、商业承兑汇票等可以很快兑换成现金的票据。现金等价物具有以下四个特点：①期限短，一般指从购买之日起三个月内到期；②流动性强，如短期债券；③易于转换成已知金额的现金；④价值变动的风险较小。

通常情况下，投资日起三个月到期或清偿之国库券、商业本票、货币市场基金、可转让定期存单及银行承兑汇票等都可以列为现金等价物。

现金的流入项和流出项

现金流量记录了企业在一定会计期间内现金及现金等价物的流入和流出

情况，这就意味着现金流量表里会有两个项目，即现金流入项和现金流出项。

现金流入项（Cash Inflows）是指企业或个人在经营、投资或筹资活动中所获得的现金收入，比如销售收入、投资收益、借款等。

现金流出项（Cash Outflows）则是指企业或个人在进行这些活动时所支付的现金，比如采购成本、固定资产投资、偿还债务等。通过分析现金流入和流出的情况，可以了解企业的现金流量状况，从而帮助决策者做出更好的经营决策。

避免现金及现金等价物归类错误的问题

在编制现金流量表时，应当重视对现金及现金等价物归类错误的问题。

（1）现金及现金等价物归类错误的情况。

将定期存款误认为现金等价物。定期存款通常不能随时支取，其流动性相对较低，因此不属于现金等价物。企业在进行现金流量管理时，应确保将定期存款与现金等价物区分开来。

将已丧失流动性的资产误认为现金等价物。某些资产虽然原本具有较高的流动性，但由于市场环境或其他原因，可能导致其丧失流动性。这类资产不应被归类为现金等价物。

未将即将到期的短期投资纳入现金等价物。即将到期的短期投资，如债券、商业票据等，具有较高的流动性，且价值变动风险较小，应被归类为现金等价物。企业在管理现金流时，需注意识别这类资产。

（2）规避策略。

在编制现金流量表时，为避免现金及现金等价物归类错误的问题，可以采取以下措施。

①熟悉现金及现金等价物的定义。现金是指企业手中的货币资金，包括库存现金、各种形式的银行存款等。现金等价物是指企业持有的期限短、

流动性强、易于转换为已知金额的现金、价值变动风险很小的投资，通常是指从购买之日起，3个月内到期的债券投资。

②仔细分析企业的各类交易。在编制现金流量表时，需要仔细分析企业进行的各类交易，判断这些交易是否涉及现金及现金等价物的流入或流出。对于涉及现金及现金等价物的交易，需要准确记录其金额和发生的时间。

③准确划分现金流量类别。根据现金流量表的分类要求，将现金流量分为经营活动、投资活动和筹资活动三个类别。在划分现金流量类别时，要确保现金及现金等价物的流入和流出准确对应到相应的活动类别。

④建立健全内部控制制度。企业应建立健全内部控制制度，确保财务报告的真实性、准确性和完整性。对于现金及现金等价物的管理，应设立专门的职责和程序，防止现金及现金等价物的归类错误。

⑤定期进行现金流量表的分析和审查。企业应定期对现金流量表进行分析和审查，确保现金及现金等价物的归类正确。在审查过程中，如发现归类错误，应及时进行调整并分析原因，防止类似错误再次发生。

通过以上措施，企业可以有效地避免在编制现金流量表时出现现金及现金等价物归类错误的问题。

承兑汇票、保函、信用证保证金的界定

承兑汇票保证金、保函保证金和信用证保证金是三种不同的保证金形式，其界定和操作方式也有所不同。在编制现金流量表时，承兑汇票、保函、信用证保证金的界定主要涉及现金流量表中的现金流入和现金流出的判断。根据企业会计准则，现金流量表反映的是现金和现金等价物的流动情况。以下是在编制现金流量表时，应对承兑汇票、保函、信用证保证金界定的方法。

（1）承兑汇票保证金。

企业为开立承兑汇票而在银行存入的保证金，在现金流量表中应当作

为经营活动的现金流处理。存入时作为支付的与经营活动有关的现金，解冻收回时作为收到的其他与经营活动有关的现金。具体编制时，可以采用工作底稿法或 T 型账户法，也可以根据有关科目记录分析填列。

（2）保函保证金。

企业向银行申请开立履约保函存入的保证金，并不会导致企业资本及债务规模和构成发生变化。因此，保函保证金应当作为经营活动的现金流处理。存入时作为支付的与经营活动有关的现金，解冻收回时作为收到的其他与经营活动有关的现金。

（3）信用证保证金。

企业为开立信用证而在银行存入的保证金，在现金流量表中应当作为经营活动的现金流处理。存入时作为支付的与经营活动有关的现金，解冻收回时作为收到的其他与经营活动有关的现金。

需要注意的是，在处理这些项目时，要关注保证金的流动路径。例如，在票据到期后，银行是直接从保证金账户支付，还是原保证金到期退回再以其他账户资金支付。根据不同的流动路径，将保证金分别计入对应的现金流量表项目，如购买商品、接受劳务支付的现金，购建固定资产、无形和其他长期资产支付的现金等。

银行承兑汇票贴现收到的现金的界定

银行承兑汇票贴现（Banker's Acceptance Discount on Exchange）是指持票人在汇票到期日前向银行背书转让，银行扣除贴现利息后向其提前支付票款的行为。在银行承兑汇票贴现中，收到的现金的界定通常是指在贴现过程中，从银行或其他金融机构获得的实际现金资金。

具体来说，当企业或个人持有银行承兑汇票并在汇票到期前需要资金时，可以向其开户银行申请贴现。银行在审查该汇票并同意贴现后，会从该企业的存款账户中扣除贴现利息，并将剩余的金额（即汇票面值减去贴现利息）支付给持票人。这个支付给持票人的金额就是贴现收到的现金。

在编制现金流量表时，对银行承兑汇票贴现收到的现金的界定需要考虑以下几个方面。

第一，银行承兑汇票贴现是一种融资行为，企业通过贴现的方式将未来的现金流提前变现。因此，在现金流量表中，这部分现金流入应当被归类为筹资活动产生的现金流量。

第二，根据中国证券监督管理委员会发布的《监管规则适用指引——会计类第1号》的规定，银行承兑汇票贴现而取得的现金，在考虑现金流量表分类时，需要区分以下情形处理：

若银行承兑汇票贴现不符合金融资产终止确认条件，因票据贴现取得的现金在资产负债表中应确认为一项借款，该现金流入在现金流量表中相应分类为筹资活动现金流量。

若银行承兑汇票贴现符合金融资产终止确认条件，该现金流入在现金流量表中可以分类为经营活动现金流量。

第三，在具体操作时，企业需要根据自身的财务状况和会计政策，结合相关规定，对银行承兑汇票贴现收到的现金进行准确的分类。

在编制现金流量表时，对银行承兑汇票贴现收到的现金的界定，需要根据企业的具体情况和相关规定，将其归类为筹资活动现金流量或经营活动现金流量。

固定资产相关的增值税进项税额及销项税额

在增值税中，进项税额（Amount of Taxes on Purchases）是指纳税人购进货物、加工修理修配劳务、服务、无形资产或者不动产，支付或者负担的增值税额。这部分税额可以在未来的销项税额中抵扣，从而降低企业的税收负担。

销项税额（Output Tax）是指纳税人销售货物、加工修理修配劳务、服务、无形资产或者不动产，收取的增值税额。这部分税额是企业需要向税务机关缴纳的增值税。

在编制现金流量表时，固定资产相关的增值税进项税额及销项税额的处理方式如下。

（1）增值税进项税额。

通常情况下，企业在购买固定资产时，支付的增值税进项税额可以抵扣企业后续经营活动中的销项税额。在现金流量表中，这部分进项税额应当计入投资活动产生的现金流量。具体操作如下：

借：固定资产

应交税费——应交增值税（进项税额）

贷：银行存款等

现金流量表中的"购建固定资产、无形资产和其他长期资产所支付的现金"项目将反映这部分支付的现金。

（2）增值税销项税额。

企业在销售商品或提供服务过程中产生的销项税额，通常需要支付给税务部门。在现金流量表中，这部分销项税额应当计入经营活动产生的现金流量。具体操作如下：

借：应收账款等

贷：应交税费——应交增值税（销项税额）

现金流量表中的"销售商品、提供劳务收到的现金"项目将反映这部分现金流入。

需要注意的是，不同企业可能会根据自身情况和税务政策选择不同的处理方式，因此实际操作中可能存在差异。建议在实际编制现金流量表时，参考企业会计准则和相关税务政策，结合企业具体情况进行处理。

对收到的预缴税款退回的处理

预缴税款退回（Return of Tax Paid in Advance）是指企业在预缴税款时，由于各种原因导致预缴的税款金额超过了企业实际应缴纳的税款金额，税务部门会将多收的税款退还给企业的一种行为。在编制现金流量表时，收到的预缴税款退回应当在现金流量表的附表部分进行处理。具体操作如下。

首先，在现金流量表的主表中，将收到的预缴税款退回的金额列入"收到其他与经营活动有关的现金"项目。

其次，在现金流量表的附表部分，将这部分金额从"支付的各项税费"项目中扣除。具体来说，应当在"支付的各项税费"项目的借方记录退回的预缴税款金额，同时在"应交税费"项目的借方记录相应的减少金额。

这样一来，就能保证现金流量表的平衡性和准确性，确保现金流量表能够真实反映企业的经营情况。

2.2 现金流量表的主表与附表

主表：现金流量表的主体

现金流量表的主表是现金流量表的主体，表 2-1 为一般企业的现金流量表主表格式。

表 2-1 一般企业的现金流量表主表格式

编制单位：　　　　　　　　　　　　　　　年月：　　　　货币单位：人民币（元）

项目	行次	本期金额	上期金额
一、经营活动产生的现金流量	1	—	—
销售商品、提供劳务收到的现金	2	—	—
收到的税费返还	3	—	—

（续）

项目	行次	本期金额	上期金额
收到其他与经营活动有关的现金	4	—	—
经营活动现金流入小计	5	—	—
购买商品、接受劳务支付的现金	6	—	—
支付给职工以及为职工支付的现金	7	—	—
支付的各项税费	8	—	—
支付其他与经营活动有关的现金	9	—	—
经营活动现金流出小计	10	—	—
经营活动产生的现金流量净额	11	—	—
二、投资活动产生的现金流量	12	—	—
收回投资收到的现金	13	—	—
取得投资收益收到的现金	14	—	—
处置固定资产、无形资产和其他长期资产收回的现金净额	15	—	—
处置子公司及其他营业单位收到的现金净额	16	—	—
收到其他与投资活动有关的现金	17	—	—
投资活动现金流入小计	18	—	—
购建固定资产、无形资产和其他长期资产支付的现金	19	—	—
投资支付的现金	20	—	—
取得子公司及其他营业单位支付的现金净额	21	—	—
支付其他与投资活动有关的现金	22	—	—
投资活动现金流出小计	23	—	—
投资活动产生的现金流量净额	24	—	—
三、筹资活动产生的现金流量	25	—	—
吸收投资收到的现金	26	—	—
取得借款收到的现金	27	—	—
发行债券收到的现金	28	—	—
收到其他与筹资活动有关的现金	29	—	—
筹资活动现金流入小计	30	—	—

（续）

项目	行次	本期金额	上期金额
偿还债务支付的现金	31	—	—
分配股利、利润或偿付利息支付的现金	32	—	—
支付其他与筹资活动有关的现金	33	—	—
筹资活动现金流出小计	34	—	—
筹资活动产生的现金流量净额	35	—	—
四、汇率变动对现金及现金等价物的影响	36	—	—
五、现金及现金等价物净增加额	37	—	—
加：期初现金及现金等价物余额	38	—	—
六、期末现金及现金等价物余额	39	—	—

从表 2-1 中我们可以看出，现金流量表的科目主要有 3 个类别，分别是经营活动产生的现金流量、投资活动产生的现金流量、筹资活动产生的现金流量。它们构成了一个企业主要的现金流量，我们会在下节详细阐述这 3 类科目。除此之外，现金流量表的主表还包含 3 项内容，分别是汇率变动对现金及现金等价物的影响、现金及现金等价物净增加额、期末现金及现金等价物余额。我们应该如何理解这 3 项内容呢？

（1）汇率变动对现金及现金等价物的影响。

我们在编制现金流量表时，如果涉及外币的换算，则需要考虑汇率变动的影响。此时，我们应当将企业外币现金流量以及境外子公司的现金流量折算成记账本位币。按照会计准则规定，企业外币现金流量和境外子公司的现金流量，应以现金流量发生日的汇率或平均汇率折算。汇率变动对现金的影响，应作为调节项目，在现金流量表中单独列示，即为表 2-1 中的第四大项。

那么，汇率变动对现金及现金等价物的影响是什么呢？其影响主要包含两个部分：其一，汇兑损益中对应于现金及现金等价物的部分，即从"财务费用—汇兑损益"的发生额中摘录；其二，是"其他综合收益—外币报表折算差额"中对应于现金及现金等价物的部分。在报告期内，如果汇率波动和现金及现金等价物余额的变动都基本保持平稳，我们可以用以下公式进行计算：

汇率变动对现金及现金等价物的影响＝期初期末的外币原币数平均值 ×（期初汇率－期末汇率）

（2）现金及现金等价物净增加额。

所谓现金及现金等价物的净增加额，是指关于现金流量的三大项部分（即经营活动、投资活动、筹资活动）中的广义增加额。

现金及现金等价物净增加额计算公式如下所示：

现金及现金等价物的净增加额＝现金的期末余额－现金的期初余额

其中，现金的期末余额＝资产负债表"货币资金"期末余额，现金的期初余额＝资产负债表"货币资金"期初余额。但是一般企业很少有现金等价物，因而该公式没有考虑现金等价物因素，若存在该因素，则应该相应填列。

（3）期末现金及现金等价物余额。

在会计实务中，我们应该如何计算期末现金及现金等价物余额？首先我们需要知道以下公式：

期末现金及现金等价物余额＝期初现金及现金等价物余额＋现金及现金等价物净增加额

我们从上面的内容可以得知，现金及现金等价物净增加额是经营活动、投资活动、筹资活动的广义增加额。因此，上面的公式可以转化成如下的公式：

期末现金及现金等价物余额＝期初现金及现金等价物余额＋经营活动产生的现金流量净额＋投资活动产生的现金流量净额＋筹资活动产生的现金流量净额

在一般的会计活动中，审计人员会对现金流量表主表中的科目活动进行本期金额和上期金额的数据列示，从而反映出企业现金流的变化情况。除了一般企业现金流量表主表，不同行业的现金流量表主表会有所差别。如表 2-2 ～表 2-4 所示，分别是商业银行、保险公司、证券公司的现金流量表主表格式。

表 2-2　商业银行的现金流量表主表格式

编制单位：　　　　　　　　　　　　年月：　　　货币单位：人民币（元）

项目	行次	本期金额	上期金额
一、经营活动产生的现金流量	1	—	—
客户存款和同业存放款项净增加额	2	—	—
向中央银行借款净增加额	3	—	—
向其他金融机构拆入资金净增加额	4	—	—
收取利息、手续费及佣金的现金	5	—	—
收到其他与经营活动有关的现金	6	—	—
经营活动现金流出小计	7	—	—
客户贷款及垫款净增加额	8		
存放中央银行和同业款项净增加额	9		
支付手续费及佣金的现金	10		
支付给职工以及为职工支付的现金	11		
支付的各项税费	12		
支付其他与经营活动有关的现金	13		
经营活动现金流出小计	14	—	—
经营活动产生的现金流量净额	15	—	—
二、投资活动产生的现金流量	16	—	—
收回投资收到的现金	17		
取得投资收益收到的现金	18	—	—
收到其他与投资活动有关的现金	19		
投资活动现金流出小计	20	—	—
投资支付的现金	21	—	—

（续）

项目	行次	本期金额	上期金额
购建固定资产、无形资产和其他长期资产支付的现金	22	—	—
支付其他与投资活动有关的现金	23	—	—
投资活动现金流出小计	24	—	—
投资活动产生的现金流量净额	25	—	—
三、筹资活动产生的现金流量	26		
吸收投资收到的现金	27	—	—
发行债券收到的现金	28	—	—
收到其他与筹资活动有关的现金	29	—	—
筹资活动现金流入小计	30	—	—
偿还债务支付的现金	31	—	—
分配股利、利润或偿付利息支付的现金	32	—	—
支付其他与筹资活动有关的现金	33	—	—
筹资活动现金流出小计	34	—	—
筹资活动产生的现金流量净额	35	—	—
四、汇率变动对现金及现金等价物的影响	36		
五、现金及现金等价物净增加额	37		
加：期初现金及现金等价物余额	38	—	—
六、期末现金及现金等价物余额	39	—	—

表2-3　保险公司的现金流量表主表格式

编制单位：　　　　　　　　　　　　　　　年月：　　　　货币单位：人民币（元）

项目	行次	本期金额	上期金额
一、经营活动产生的现金流量	1	—	—
收到原保险合同保费取得的现金	2	—	—
收到再保业务现金净额	3	—	—
保户储金及投资款净增加额	4	—	—
收到其他与经营活动有关的现金	5	—	—
经营活动现金流入小计	6	—	—

（续）

项目	行次	本期金额	上期金额
支付原保险合同赔付款项的现金	7	—	—
支付手续费及佣金的现金	8	—	—
支付保单红利的现金	9	—	—
支付给职工以及为职工支付的现金	10	—	—
支付的各项税费	11	—	—
支付其他与经营活动有关的现金	12	—	—
经营活动现金流出小计	13	—	—
经营活动产生的现金流量净额	14		
二、投资活动产生的现金流量	15	—	—
收回投资收到的现金	16	—	—
取得投资收益收到的现金	17	—	—
收到其他与投资活动有关的现金	18	—	—
投资活动现金流入小计	19	—	—
投资支付的现金	20		
质押贷款净增加额	21	—	—
购建固定资产、无形资产和其他长期资产支付的现金	22		
支付其他与投资活动有关的现金	23	—	—
投资活动现金流出小计	24	—	—
投资活动产生的现金流量净额	25	—	—
三、筹资活动产生的现金流量	26	—	—
吸收投资收到的现金	27		
发行债券收到的现金	28		
收到其他与筹资活动有关的现金	29		
筹资活动现金流入小计	30	—	—
偿还债务支付的现金	31		
分配股利、利润或偿付利息支付的现金	32	—	—
支付其他与筹资活动有关的现金	33	—	—
筹资活动现金流出小计	34	—	—

（续）

项目	行次	本期金额	上期金额
筹资活动产生的现金流量净额	35	—	—
四、汇率变动对现金及现金等价物的影响	36	—	—
五、现金及现金等价物净增加额	37	—	—
加：期初现金及现金等价物余额	38	—	—
六、期末现金及现金等价物余额	39	—	—

表2-4　证券公司的现金流量表主表格式

编制单位：　　　　　　　　　　　　年月：　　　　　货币单位：人民币（元）

项目	行次	本期金额	上期金额
一、经营活动产生的现金流量	1	—	—
处置交易性金融资产净增加额	2	—	—
收取利息、手续费及佣金的现金	3	—	—
拆入资金净增加额	4	—	—
回购业务资金净增加额	5	—	—
收到其他与经营活动有关的现金	6	—	—
经营活动现金流入小计	7	—	—
支付利息、手续费及佣金的现金	8	—	—
支付给职工以及为职工支付的现金	9	—	—
支付的各项税费	10	—	—
支付其他与经营活动有关的现金	11	—	—
经营活动现金流出小计	12	—	—
经营活动产生的现金流量净额	13	—	—
二、投资活动产生的现金流量	14	—	—
收回投资收到的现金	15	—	—
取得投资收益收到的现金	16	—	—
收到其他与投资活动有关的现金	17	—	—
投资活动现金流入小计	18	—	—
投资支付的现金	19	—	—

（续）

项目	行次	本期金额	上期金额
购建固定资产、无形资产和其他长期资产支付的现金	20	—	—
支付其他与投资活动有关的现金	21	—	—
投资活动现金流出小计	22	—	—
投资活动产生的现金流量净额	23	—	—
三、筹资活动产生的现金流量	24	—	—
吸收投资收到的现金	25	—	—
发行债券收到的现金	26	—	—
收到其他与筹资活动有关的现金	27	—	—
筹资活动现金流入小计	28	—	—
偿还债务支付的现金	29	—	—
分配股利、利润或偿付利息支付的现金	30	—	—
支付其他与筹资活动有关的现金	31	—	—
筹资活动现金流出小计	32	—	—
筹资活动产生的现金流量净额	33	—	—
四、汇率变动对现金及现金等价物的影响	34	—	—
五、现金及现金等价物净增加额	35	—	—
加：期初现金及现金等价物余额	36	—	—
六、期末现金及现金等价物余额	37	—	—

　　由于不同企业的性质和经营项目有所差异，在编制现金流量表时，可参考以上不同类型的格式进行操作。我们可以以金融保险企业的现金流量表为例。

　　金融保险企业经营活动的性质和内容在很大程度上与一般企业不尽相同，因此我们要在现金流量表的一些项目上做调整。就拿"利息支出"项来说，其在工商企业应视为筹资活动；而在金融企业，利息支出是其经营活动的主要支出项目，应列入经营活动产生的现金流量中。

　　现金流量表的主表是其主体部分，而附表则能够更加细致地反映出企业的具体情况。

附表：现金流量表的补充资料

现金流量表附表有什么作用？我们可以通过这张表了解企业的净利润和经营活动产生的现金流量净额存在哪些差异。现金流量表附表适用于一般企业、商业银行、保险公司、证券公司等各类企业。现金流量表补充资料披露格式如表 2-5 所示。

表 2-5　现金流量表附表格式

编制单位：　　　　　　　　　　　　年月：　　　货币单位：人民币（元）

补充资料	行次	本期金额	上期金额
一、将净利润调节为经营活动现金流量	1	—	—
净利润	2	—	—
加：资产减值准备	3	—	—
固定资产折旧、油气资产折旧、生产性生物资产折旧	4	—	—
无形资产摊销	5	—	—
长期待摊费用摊销	6	—	—
处置固定资产、无形资产和其他长期资产的损失（收益以"–"号填列）	7	—	—
固定资产报废损失（收益以"–"号填列）	8	—	—
公允价值变动损失（收益以"–"号填列）	9	—	—
财务费用（收益以"–"号填列）	10	—	—
投资损失（收益以"–"号填列）	11	—	—
递延所得税资产减少（增加以"–"号填列）	12	—	—
递延所得税负债增加（减少以"–"号填列）	13	—	—
存货的减少（增加以"–"号填列）	14	—	—
经营性应收项目的减少（增加以"–"号填列）	15	—	—
经营性应付项目的增加（减少以"–"号填列）	16	—	—
其他	17	—	—
经营活动产生的现金流量净额	18	—	—
二、不涉及现金收支的重大投资和筹资活动	19		

（续）

补充资料	行次	本期金额	上期金额
债务转为资本	20	—	—
一年内到期的可转换公司债券	21	—	—
融资租入固定资产	22	—	—
三、现金及现金等价物净变动情况	23	—	—
现金的期末余额	24	—	—
减：现金的期初余额	25	—	—
加：现金等价物的期末余额	26	—	—
减：现金等价物的期初余额	27	—	—
现金及现金等价物净增加额	28	—	—

此外，新会计准则规定，在编制现金流量表的附表时，还要求给出其他两个表格。它们分别是当期取得或处置子公司及其他营业单位的有关信息表格、现金和现金等价物表格。

（1）企业应当按下列格式披露当期取得或处置子公司及其他营业单位的有关信息，如表2-6所示。

表2-6　当期取得或处置子公司及其他营业单位的有关信息

项目	行次	当期金额
一、取得子公司及其他营业单位的有关信息	1	—
1. 取得子公司及其他营业单位的价格	2	—
2. 取得子公司及其他营业单位支付的现金和现金等价物	3	—
减：子公司及其他营业单位持有的现金和现金等价物	4	—
3. 取得子公司及其他营业单位支付的现金净额	5	—
4. 取得子公司的净资产	6	—
流动资产	7	—
非流动资产	8	—
流动负债	9	—
非流动负债	10	—

（续）

项目	行次	当期金额
二、处置子公司及其他营业单位的有关信息	11	—
1．处置子公司及其他营业单位的价格	12	—
2．处置子公司及其他营业单位收到的现金和现金等价物	13	—
减：子公司及其他营业单位持有的现金和现金等价物	14	—
3．处置子公司及其他营业单位收到的现金净额	15	—
4．处置子公司的净资产	16	—
流动资产	17	—
非流动资产	18	—

（2）现金和现金等价物的披露格式，如表2-7所示。

表2-7　现金和现金等价物有关信息

项目	行次	本期金额	上期金额
一、现金	1	—	—
其中：库存现金	2	—	—
可随时用于支付的银行存款	3	—	—
可随时用于支付的其他货币资金	4	—	—
可用于支付的存放中央银行款项	5	—	—
存放同业款项	6	—	—
拆放同业款项	7	—	—
二、现金等价物	8	—	—
其中：三个月内到期的债券投资	9	—	—
三、期末现金及现金等价物余额	10	—	—
其中：母公司或集团内子公司使用受限制的现金和现金等价物	11	—	—

目前，虽然有许多财务软件能自动填列现金流量表的主表，但无法填列附表的科目内容，需要会计人员手动编制。我们知道企业利润表中的净利润都是由经营活动产生的，如果企业的经营活动收入都是即时结账的，

那么企业的净利润和经营收入也就应该是匹配的。但如果二者存在差异时，又应该如何体现出来呢？

归根结底，二者差异的表现主要有两个方面：其一，影响净利润但不影响现金流的业务，如按权责发生制计提的金额、折旧摊销等；其二，影响现金流但不影响净利润的业务，如往来款项的收付等。

明白了以上两点，我们就能够比较容易地提取数据了。比如，现金流量表中第2行次的数值，就是利润表里的净利润金额，可以直接填上。再比如，第4~6行次的数值，去账上找各资产的折旧摊销的发生额即可。

现金流量表主表与附表的勾稽关系

现金流量表主表与附表都反映了企业在一定时期内的现金流入和流出情况，因此它们之间存在勾稽关系。两者的勾稽关系主要体现在如下几个方面。

（1）主表平衡。

主表反映的是现金及现金等价物的净增加额，而附表则详细列出了经营活动、投资活动和筹资活动产生的现金流量。在正常的会计处理中，主表的现金及现金等价物净增加额应与附表中所有活动的现金流量净额相平衡。也就是说，主表的现金及现金等价物科目的期末减期初的数额，应该等于附表中所有现金流量净额的总和。

（2）净利润与经营活动现金流量的关系。

净利润是利润表的核心指标，但在实际经营中，净利润并不能完全反映企业的现金流情况。因此，需要将净利润调节为经营活动的现金流量。这个调节的过程就是将一些非现金性质的收入和支出，以及不会影响现金流的会计科目，如计提的坏账准备、固定资产折旧、递延税款等，加回到净利润中，从而得出经营活动现金流量净额。这个过程可以在现金流量表的附表中体现。

（3）存货、应收账款和应付账款的变动。

在现金流量表的附表中，还会详细列出存货的减少、经营性应收项目的减少、经营性应付项目的增加等，这些都反映了企业现金流的变动情况。例如，存货的减少意味着企业销售了存货，从而产生了现金流入；经营性应收项目的减少则表示企业收回了应收账款，同样产生了现金流入。

总的来说，现金流量表主表与附表的勾稽关系主要体现在现金流量的平衡关系、净利润与经营活动现金流量的调节关系以及各项会计科目的变动关系上。

2.3　三股现金流

三股现金流的概念与区别

一般而言，企业的现金流可分为三类，即经营现金流（Operating Cash Flow）、投资现金流（Investing Cash Flow）和筹资现金流（Financing Cash Flow）。它们代表了企业在一定时期内现金收入和现金支出的主要来源，对于企业的运营和发展有着重要意义。三者的概念与区别主要有以下表现。

经营现金流是企业在日常经营活动中产生的现金流入和现金流出。它反映了企业主营业务的现金收支情况，是企业现金流的主要来源。经营现金流的主要特点是与企业的主营业务密切相关，受到企业经营策略、市场环境等因素的影响。经营现金流可以通过以下公式计算：

经营现金流＝营业收入－营业成本－营业税金及附加－销售费用－管理费用－财务费用

投资现金流是企业在一定时期内进行投资活动所产生的现金流入和现金流出。它包括企业购置固定资产、无形资产、股权投资等所支付的现金，以及收回投资所获得的现金。投资现金流的特点是波动性较大，受企业投资决策和市场环境的影响。投资现金流可以通过以下公式计算：

投资现金流＝收回投资收到的现金－购建固定资产、无形和其他长期资产支付的现金－投资支付的现金

筹资现金流是企业在一定时期内通过筹资活动所产生的现金流入和现金流出。它包括企业发行股票、债券等所筹集的资金，以及偿还债务、支付股利等所支付的现金。筹资现金流的特点是受企业融资策略和资本市场环境的影响较大。筹资现金流可以通过以下公式计算：

筹资现金流＝吸收投资收到的现金－偿还债务支付的现金－分配股利、利润或偿付利息支付的现金

综合分析这三种现金流，可以了解企业在经营、投资和筹资方面的表现，以及企业的财务健康状况。例如，经营现金流为正，投资现金流为负，筹资现金流为正，可能是企业在加大投资力度，通过筹资来支持投资活动，但仍能保持经营活动的盈利。而如果经营现金流为负，投资现金流为正，筹资现金流为负，可能是企业主营业务陷入困境，需要依赖投资收益和筹资来维持运营。

经营活动产生现金流项目

经营活动产生的现金流量项目是指企业在日常经营过程中所产生的现金流入和现金流出的项目。如表 2-8 所示，经营现金流共包含 7 项内容，其中 3 项现金流入，4 项现金流出。

表 2-8　企业的 7 项经营现金流

序号	项目	本期金额	上期金额
	一、经营活动产生的现金流量	—	—
1	销售商品、提供劳务收到的现金	—	—
2	收到的税费返还	—	—

（续）

序号	项目	本期金额	上期金额
3	收到其他与经营活动有关的现金	—	—
	经营活动现金流入小计	—	—
4	购买商品、接受劳务支付的现金	—	—
5	支付给职工以及为职工支付的现金	—	—
6	支付的各项税费	—	—
7	支付其他与经营活动有关的现金	—	—
	经营活动现金流出小计	—	—
	经营活动产生的现金流量净额	—	—

经营活动现金流量分析主要是通过对企业现金流量表中经营活动现金流量相关项目的比较和计算，以评估企业的经营状况和现金流健康程度。以下是一些常用的经营活动现金流量分析方法。

（1）经营活动现金流量充足性分析。

分析企业经营活动现金流量是否能满足企业投资、日常经营、偿还债务和支付股利等方面的需求。这可以通过计算经营活动现金流量净额与投资活动、筹资活动现金流量净额的关系来实现。

（2）经营活动现金流量结构分析。

分析企业经营活动现金流量的来源和用途，以了解企业的盈利能力和费用控制情况。例如，通过计算销售商品、提供劳务收到的现金占营业收入的比例，可以评估企业的收款能力；通过计算支付给职工以及为职工支付的现金占经营活动现金流出的比例，可以评估企业的成本控制能力。

（3）经营活动现金流量变动分析。

分析企业经营活动现金流量的变动情况，以了解企业经营状况的变化趋势。这可以通过比较本期和上期的经营活动现金流量数据来实现。

（4）经营活动现金流量与净利润的关系分析。

分析企业的净利润与经营活动现金流量之间的关系，以评估企业的盈利质量和现金流状况。这可以通过计算经营活动现金流量净额与净利润的差额来实现。如果这个差额为正数且较大，可能意味着企业的净利润质量较高；如果为负数或较小，可能意味着企业的净利润质量较低，现金流状况较差。

通过以上方法对经营活动现金流量进行分析，可以帮助企业和投资者更好地了解企业的经营状况和现金流健康程度，为决策提供依据。

投资活动产生现金流项目

如表2-9所示，投资活动现金流主要包含9项内容，其中现金流入5项，现金流出4项。

表2-9 企业的9项投资活动现金流

序号	项目	本期金额	上期金额
	二、投资活动产生的现金流量	—	—
1	收回投资收到的现金	—	—
2	取得投资收益收到的现金	—	—
3	处置固定资产、无形资产和其他长期资产收回的现金净额	—	—
4	处置子公司及其他营业单位收到的现金净额	—	—
5	收到其他与投资活动有关的现金	—	—
	投资活动现金流入小计	—	—
6	购建固定资产、无形资产和其他长期资产支付的现金	—	—
7	投资支付的现金	—	—
8	取得子公司及其他营业单位支付的现金净额	—	—
9	支付其他与投资活动有关的现金	—	—
	投资活动现金流出小计	—	—
	投资活动产生的现金流量净额	—	—

对投资活动产生现金流项目进行分析时，需要注意以下几点。

（1）理解投资活动的含义。

投资活动是指与公司原定期限在3个月以上的资产有关的交易活动，包括公司长期资产的购建和不包括在现金等价物范围内的投资及其处置活动。

（2）关注投资活动现金流量的正负情况。

投资活动现金流量小于或等于零，需要观察这个特征是否符合企业的发展阶段，是否与企业的发展战略和发展方向相一致，才能进一步作出判断。投资活动现金流量大于零，可能表明公司有较多的投资收益或处置了长期资产。

（3）分析投资活动中的对内投资和对外投资的关系。

公司要发展，长期资产的规模必须增长。一项投资活动中对内投资的现金净流出量大幅度提高的公司，往往意味着该公司面临着一个新的发展机遇，或者一个新的投资机会。反之，如果公司对内投资中的现金净流入量大幅度增加，表示该公司正常的经营活动没有能够充分地吸纳其现有的资金。

（4）详细了解投资活动的现金流入和流出情况。

投资活动产生的现金流量主要包括购建和处置固定资产、无形资产等长期资产，以及取得和收回不包括在现金等价物范围内的各种股权与债权投资等收到和付出的现金。

（5）结合其他财务报表进行分析。

将现金流量表中的投资活动现金流量与资产负债表和利润表的相关项目进行比较，以获取更全面的公司财务状况和经营业绩。

筹资活动产生现金流项目

如表2-10所示，筹资现金流共包含7项内容，其中4项为现金流入，3项为现金流出。

表 2-10　企业的 7 项筹资现金流

序号	项目	本期金额	上期金额
	三、筹资活动产生的现金流量	—	—
1	吸收投资收到的现金	—	—
2	取得借款收到的现金	—	—
3	发行债券收到的现金	—	—
4	收到其他与筹资活动有关的现金	—	—
	筹资活动现金流入小计	—	—
5	偿还债务支付的现金	—	—
6	分配股利、利润或偿付利息支付的现金	—	—
7	支付其他与筹资活动有关的现金	—	—
	筹资活动现金流出小计	—	—
	筹资活动产生的现金流量净额	—	—

对筹资活动产生现金流项目进行现金流量分析，需要关注以下几个方面。

（1）理解筹资活动的含义。

筹资活动是指导致企业资本及债务规模发生变化的活动，包括吸收权益性投资、发行债券、偿还债务等。

（2）关注筹资活动现金流量的正负情况。

筹资活动现金流量小于或等于零，可能表明企业筹资能力不足，或者企业正在偿还债务。筹资活动现金流量大于零，可能表明企业正在扩大规模，需要大量资金投入。

（3）分析筹资活动中权益融资和债务融资的关系。

一个企业如果能够顺利地实现权益融资，而且权益融资成本又比较低，说明企业的发展前景良好，对投资者有吸引力。相反，如果企业主要依靠债务融资，且债务成本较高，可能导致企业的经营风险增加。

（4）详细了解筹资活动的现金流入和流出情况。

筹资活动产生的现金流量主要包括吸收权益性投资、发行债券、偿还债务等收到和付出的现金。

（5）结合其他财务报表进行分析。

将现金流量表中的筹资活动现金流量与资产负债表和利润表的相关项目进行比较，以获取更全面的公司财务状况和经营业绩。

以上分析有助于了解企业的筹资能力，评估企业的筹资成本，分析企业的发展战略，为投资者和企业决策者提供重要依据。

2.4　企业现金流肖像

企业经营活动现金流肖像是指企业在经营活动中产生的现金流入和流出的情况，可以通过对企业经营活动的现金流量进行分析，来描绘企业的现金流状况。一般来说，企业的现金流肖像可以分为两种类型，即经营活动现金流净额为正和经营活动现金流净额为负。

经营活动现金流净额为正

经营活动现金流净额为正数，通常说明公司在日常经营活动中能够获得正向的现金流入，也就是说公司的运营资金周转比较健康。这表明公司的经营活动能够为公司提供正向的现金流，这个钱可以用来偿还债务、扩大生产、对外投资等。

需要注意的是，经营活动现金流净额为正数并不一定意味着公司的整体财务状况就一定很好，因为还需要结合其他财务数据和公司的实际情况进行综合分析。比如还可能有下面几种情况。

（1）结合其他财务数据，如利润表、资产负债表等，进行综合分析。

比如，公司的利润状况、负债水平、投资活动和筹资活动的现金流等，这些都会影响公司的整体财务状况。

（2）公司可能存在现金流量风险。

即使经营活动现金流净额为正，但如果公司的现金流量不稳定、不平稳或不可持续，也可能影响公司的财务状况。比如，公司可能在某一时期内经营活动现金流为正，但未来预期现金流可能为负，这将增加公司的财务风险。

（3）公司可能存在投资和筹资活动的现金流风险。

如果公司的投资活动现金流净额和筹资活动现金流净额为负数，说明公司在投资和筹资方面可能面临一定的风险。比如，公司可能在扩大生产、对外投资方面支出过大，或者在债务融资方面面临困难，这都可能影响公司的整体财务状况。

因此，经营活动现金流净额为正数只是一种情况，需要结合其他财务数据和公司实际情况进行综合分析，才能准确地评估公司的财务状况。

经营活动现金流净额为负

经营活动现金流净额为负数表示企业在某一会计期间内，经营活动所产生的现金流入少于现金流出。换句话说，企业在日常经营过程中，支付的现金多于获取的现金，导致经营活动的现金流呈现净负状态。

这可能意味着企业在经营过程中面临一定的困难或挑战，如销售额下降、应收账款增加、存货积压等。也有可能是企业在扩张阶段，对外投资或偿还债务的支出超过了经营活动所产生的现金流，导致经营现金流净额为负。

需要注意的是，经营活动现金流净额为负并不一定代表企业经营不善，可能是企业在特定时期内的暂时现象。当企业经营活动现金流净额为负时，还应考虑下面几种情况。

（1）业务扩张期。

企业在快速发展或扩张阶段，可能会出现经营活动现金流净额为负的情况。这是因为企业在这个阶段需要大量投资于新项目、设备、人员等，以提高产能或拓展市场，而这些投资短期内可能无法立即带来相应的现金流入。尽管现金流为负，但如果企业的营业收入和市场份额在持续增长，说明企业的经营策略是有效的，业务扩张有助于提高企业的竞争力。

（2）收款周期较长。

在一些行业，如建筑、制造等，企业的收款周期可能较长，导致应收账款增加，从而使经营活动现金流净额为负。这种情况下，企业的经营活动本身可能是正常的，但由于客户支付货款的速度较慢，导致现金流紧张。

（3）存货积压。

在某些情况下，企业可能会面临存货积压的问题，导致经营活动现金流净额为负。比如，企业生产的产品未能及时销售，或者采购的原材料价格上涨，导致库存成本增加。这种情况下，现金流为负可能是暂时的，只要企业能尽快消化库存，现金流状况便可以得到改善。

（4）季节性波动。

某些行业可能会受到季节性波动的影响，如零售、旅游等。在淡季，企业的经营活动现金流入可能会减少，导致现金流净额为负。但在旺季，随着销售额的增长，现金流状况会得到改善。

通过对企业经营活动中现金流净额为正和经营活动现金流净额为负的两种现金流表现情况的分析，我们可以了解企业的经营状况、财务风险和未来发展潜力，帮助投资者和分析师判断企业的发展潜力，以更准确地评估企业的经营状况，制订适时的调整计划和适应的发展决策。

2.5 编制现金流量表应当注意哪些问题

现金流量表的编制基础是企业会计准则，包括《企业会计准则——基本准则》《企业会计准则——应用指南》等。在编制现金流量表时，除了需要遵循这些准则的要求，还应该注意一些细节问题，具体表现为现金流量表中的借贷方、现金流量表的行次、如何看现金流量表中不能为负数的部分、确定现金流量表的找平问题。

现金流量表中的借贷方

在现金流量表中，借贷方代表了现金流入和流出的方向，借方表示现金流入，贷方表示现金流出。现金流量表反映了企业在一定时期内的现金收入和支出情况，因此，关注现金流量表中的借贷方有助于了解企业的经营状况和现金流动情况。

在编制现金流量表时，现金流量表中的借贷方有哪些问题值得关注呢？

（1）准确性。

现金流量表中的借贷方是指现金流入和流出的方向，准确地记录和报告这些数据对于投资者、债权人、管理层和其他利益相关者来说至关重要，它可以帮助了解企业的现金状况、评估企业盈利能力和偿债能力，以及帮助投资者、债权人、管理层和其他利益相关者进行投资决策和预测未来业绩。因此，在进行借贷方记录时，要仔细核对每一笔现金流入和流出的发生额，确保数据正确。

（2）完整性。

关注现金流量表中借贷方的完整性，可以确保财务报表的准确性和可靠性。完整性是指财务报表是否包含了所有应当报告的交易和事件，以及这些交易和事件是否被准确地记录和分类。保证现金流量表信息的完整性，有助于确保报表使用者能够获得关于企业现金状况的完整和准确的信息；有助于确保记录的交易和事件与实际情况相符，从而提高财务报表的可靠性；有助于确保企业的财务报告符合这些准则和法规，从而提高报表的可信度；有助于确保企业披露的真实信息，从而降低报表使用者受到误导的风险；确保企业财务报告的准确性、可靠性和合规性，从而降低企业的经营风险。因此，在编制现金流量表时，要确保所有涉及现金的交易都得到记录，避免遗漏任何重要的现金流信息。

（3）及时性。

在现金流量表中，借贷方分别表示现金的增加和减少。借贷方记录的及时性能反映企业的经营状况和财务报告的可靠性，帮助投资者和债权人做出决策，促进企业内部管理。

企业编制现金流量表，应确保现金流量表数据的真实、准确和完整，以便各方能够更好地了解企业的经营状况和财务状况。对于已经发生的现金流入和流出，也要及时记录在现金流量表中，以便企业及时了解自身的现金流情况。

（4）合规性。

在编制现金流量表时，要遵循我国企业会计准则的规定，确保现金流量表的格式、内容和计算方法符合要求。

（5）分类正确性。

现金流量表中的现金流入和流出应该按照正确的分类进行记录。例如，要将经营活动、投资活动和筹资活动的现金流入和流出分开记录，以便于分析企业不同类型的现金流情况。

（6）异常波动。

关注现金流量表中异常波动的借贷方项目。对于出现异常波动的现金流入或流出，要深入分析原因，以便及时发现潜在的问题或风险。

（7）关联交易。

在编制现金流量表时，要关注与关联方之间的现金流入和流出。对于涉及关联交易的现金流，要确保记录准确、完整，并遵循相关的会计处理规定。

在编制现金流量表时，关注现金流量表中的借贷方相关问题，有助于确保现金流量表的准确性、完整性和可靠性，便于分析企业现金流情况，及时发现现金流风险，并符合会计准则的要求。

现金流量表的行次

现金流量表中的行次没有特别的含义，只是表示该行的序号。第一行为1，第二行为2，以此类推。在编制现金流量表时，有如下问题需要关注。

（1）对应关系。

现金流量表中的各项活动（经营、投资、筹资）应当与资产负债表和利润表相匹配。例如，期末现金余额应与期初现金余额相衔接，经营性活动现金流量净增加额应与附表中净利润还原成的经营性活动的现金流量净额相对应。

（2）现金流量分类。

在编制现金流量表时，需要对现金收支进行分类，包括经营活动、投资活动和筹资活动。这些分类应按照现金流量的概念进行划分，但有些交易或事项可能不易划分。此外，还需注意几个项目的现金流量分类，如将现金流量分为经营活动、投资活动和筹资活动等。

（3）剔除与现金无关的凭证。

在编制现金流量表时，需要剔除与现金无关的凭证，以确保现金流量表的准确性。

（4）使用合适的编制方法。

在编制现金流量表时，可以选择直接法或间接法。直接法是按现金流入和现金流出的主要类别列示企业经营活动产生的现金流量。采用直接法具体编制现金流量表时，可以采用工作底稿法或 T 型账户法。对于业务简单的企业，也可以根据有关科目的记录分析填列。

（5）注意会计科目的使用。

在现金流量表的编制过程中，会计科目的使用应当符合规定，确保现金及现金等价物科目除外的其他会计科目在现金流量表的公式中体现，并且只能出现一次。

（6）调整差异。

在编制现金流量表时，可能会出现一些差异，如经营性现金流量净增加额与净利润还原成的经营性活动的现金流量净额之间的差异。需要对这些差异进行调整，以确保现金流量表的准确性。

如何看现金流量表中不能为负数的部分

现金流量表中不能为负数的部分主要有净增加额，收到的其他与经营活动有关的现金，销售商品、提供劳务收到的现金，收到的税费返还，购买商品、接受劳务支付的现金，等等。

现金流量表中存在上述不能为负数的部分，主要是因为现金流量表反映了企业在一定时期内的现金收入和支出情况，而现金本身是不存在负数的。

需要注意的是，在一些特殊情况下，如退税政策等，税费可能会出现负数。这时，需要根据公司的实际经营情况结合表中的相关项来看，现金流量表一般会自动生成，如果有疑问，可以去查凭证。

确定现金流量表的找平问题

现金流量表的找平问题是指在编制现金流量表时，需要确保现金流量表中的现金流入和现金流出在总体上保持平衡。找平是为了真实地反映企业的经营状况和现金流动情况。

现金流量表的找平问题之所以重要，原因如下。

（1）真实反映企业经营状况。

现金流量表能够直观地反映企业的经营状况，通过找平现金流量表，可以确保企业的现金流入和流出在总体上保持平衡，从而真实地反映企业的经营状况和现金流动情况。

（2）判断企业盈利能力。

现金流量表能够反映企业的盈利能力，通过找平现金流量表，可以确保企业的经营活动现金流量大于零，从而表明企业具有自我造血的功能，能够维持日常经营活动。

（3）分析企业财务风险。

现金流量表能够反映企业的财务风险，通过找平现金流量表，可以确保企业的现金流入和流出保持平衡，从而避免企业的现金流断裂，降低企业的财务风险。

（4）预测企业未来发展趋势。

现金流量表能够反映企业的未来发展趋势，通过找平现金流量表，可以了解企业的现金流量构成和发展趋势，从而预测企业未来的发展情况。

总之，现金流量表的找平问题对于反映企业的经营状况、盈利能力、财务风险和未来发展趋势具有重要意义。因此，在编制现金流量表时，需要确保现金流入和现金流出在总体上保持平衡，从而真实地反映企业的经营状况和现金流动情况。

我们可以通过如下步骤来确定现金流量表的找平问题：

①检查现金流量表的各个部分，包括经营活动、投资活动和筹资活动。

②计算现金流量表的净现金流量，即经营活动、投资活动和筹资活动的现金流量总额。

③如果现金流量表的净现金流量为正数，则表示企业的现金流入大于现金流出，需要进一步检查现金流量表的各个部分，以确定是否存在收入或支出被错误分类的情况。

④如果现金流量表的净现金流量为负数，则表示企业的现金流出大于现金流入，需要进一步检查现金流量表的各个部分，以确定是否存在收入或支出被错误分类的情况。

⑤如果现金流量表的净现金流量为零，则表示企业的现金流入等于现金流出，需要进一步检查现金流量表的各个部分，以确定是否存在收入或支出被错误分类的情况。

⑥在检查现金流量表的各个部分时，需要注意以下几点：

• 确保所有的现金流入和现金流出都已被正确分类和记录；

• 确保所有的现金流入和现金流出都已计入现金流量表的相应部分；

• 确保现金流量表的各个部分之间的现金流量已经正确抵消。

第二部分
编制现金流量表

编制现金流量表是企业财务工作中的一项重要任务。本部分将详细介绍现金流量表的编制基础和方法，帮助您掌握现金流量表的编制技巧。我们将从现金流量表的编制原则出发，探讨编制过程中需要注意的问题和技巧，以及如何利用工作底稿法进行现金流量表的编制。通过学习，您将能够熟练编制现金流量表，为企业的财务决策和管理提供有力支持。

第3章
现金流量表编制基础

3.1　编制现金流量表的前期准备

需要准备的编制资料

为了确保编制的现金流量表准确性、完整性和合法性，给企业的决策提供有效的信息，需要准备一些编制资料，主要包括以下几个方面。

①资产负债表。资产负债表提供了企业的财务状况，包括企业的资产、负债和所有者权益。在编制现金流量表时，需要从资产负债表中获取期初和期末的现金余额。

②利润表。利润表展示了企业在一定时期内的收入、成本和利润。在编制现金流量表时，需要从利润表中获取营业收入、成本、税费等信息，以便计算经营活动产生的现金流量。

③科目余额表。科目余额表列示了企业各个科目的期初余额、本期发生额和期末余额。在编制现金流量表时，需要根据科目余额表分析各个科目的现金流量情况，如销售收入、采购成本、员工工资等。

④企业的会计政策。企业的会计政策决定了如何在财务报表中处理各种经济业务。在编制现金流量表时，需要遵循企业的会计政策，以确保现金流量表的准确性和一致性。

⑤相关的会计分录。在编制现金流量表时，需要对资产负债表、利润表和科目余额表中的各项数据进行分析和调整，以计算出各项现金流量。

这可能需要编制相关的会计分录，如调整应收账款、存货、预收账款等项目的现金流量。

⑥现金流量预测。对于未来一段时间的现金流量预测，有助于企业更好地规划资金使用和筹措，以应对可能的资金需求。

总之，编制现金流量表需要准备的资料包括企业现有的财务报表、科目余额表、会计政策以及相关的会计分录，同时还需要对未来一段时间的现金流量进行预测。

编制现金流量表的一般流程

编制现金流量表的主要目的是反映企业在一定时期内的现金收入和支出情况，以及现金及现金等价物的净增加额。现金流量表的编制有助于分析企业的经营、投资和筹资活动对现金流量的影响，从而为决策者提供有用的信息。以下是编制现金流量表的一般流程。

第一步，准备基础数据。编制现金流量表，首先需要准备好企业的资产负债表、利润表等相关财务报表，以及本期的银行存款日记账、往来余额表、有关现金收支的记账凭证等资料。

第二步，确定现金流量项目的顺序。根据现金流量表的格式，确定现金流量项目的顺序。一般来说，现金流量表分为经营活动、投资活动和筹资活动三个部分，各项活动的现金流量应按照一定的顺序排列。

第三步，填列现金流量项目。根据基础数据，分别计算各项现金流量的净额，并填入现金流量表中。对于经营活动产生的现金流量，可以通过"营业收入""成本""税费"等项目计算得出；对于投资活动产生的现金流量，可以通过"购买固定资产""收回投资款项""投资收益"等项目计算得出；对于筹资活动产生的现金流量，可以通过"借款""偿还债务""发行股票"等项目计算得出。

第四步，计算现金及现金等价物的净增加额。根据现金流量表中各项活动的现金流量净额，计算出现金及现金等价物的净增加额。一般来说，现金及现金等价物的净增加额等于经营活动产生的现金流量净额加上投资活动产生的现金流量净额加上筹资活动产生的现金流量净额。

第五步，核对现金流量表。编制完成后，需要对现金流量表进行核对，确保各项数据的准确性。可以通过与资产负债表、利润表等财务报表进行核对，以及与银行存款日记账、往来账等资料进行核对。

第六步，调整现金流量表。如有必要，可以根据企业的实际情况对现金流量表进行调整。例如，对于某些特殊项目，可能需要将其从现金流量表中剔除，或者对其进行特殊处理。

第七步，提交现金流量表。将编制完成的现金流量表提交给企业的决策者或其他相关方，以便其进行分析和决策。

3.2　编制现金流量表的公式

分析主表的现金流净额公式

分析主表的现金流量净额公式，主要是分析经营活动、投资活动和筹资活动三个方面的现金流量净额。以下是各个方面的现金流量净额公式。

（1）确定主表的"经营活动产生的现金流量净额"。

①销售商品、提供劳务收到的现金 = 利润表中主营业务收入 ×（1+13%）+ 利润表中其他业务收入 +（应收票据期初余额 – 应收票据期末余额）+（应收账款期初余额 – 应收账款期末余额）+（预收账款期末余额 – 预收账款期初余额）– 计提的应收账款坏账准备期末余额

②收到的税费返还 =（应收补贴款期初余额 – 应收补贴款期末余额）+ 补贴收入 + 所得税本期贷方发生额累计数

③收到的其他与经营活动有关的现金 = 营业外收入相关明细本期贷方发生额 + 其他业务收入相关明细本期贷方发生额 + 其他应收款相关明细本期贷方发生额 + 其他应付款相关明细本期贷方发生额 + 银行存款利息收入

④购买商品、接受劳务支付的现金 =［利润表中主营业务成本 +（存货期末余额 – 存货期初余额）］×（1+13%）+ 其他业务支出（剔除税金）+（应付票据期初余额 – 应付票据期末余额）+（应付账款期初余额 – 应付账款期末余额）+（预付账款期末余额 – 预付账款期初余额）

⑤支付给职工以及为职工支付的现金 = "应付工资"科目本期借方发生额累计数 + "应付福利费"科目本期借方发生额累计数 + 管理费用中"养老保险金""待业保险金""住房公积金""医疗保险金" + 成本及制造费用明细表中的"劳动保护费"

⑥支付的各项税费 = "应交税金"各明细账户本期借方发生额累计数 + "其他应交款"各明细账户借方数 + "管理费用"中"税金"本期借方发生额累计数 + "其他业务支出"中有关税金项目，即：实际缴纳的各种税金和附加税，不包括进项税。

⑦支付的其他与经营活动有关的现金 = 营业外支出（剔除固定资产处置损失）+ 管理费用（剔除工资、福利费、劳动保险金待业保险金、住房公积金、养老保险、医疗保险、折旧、坏账准备或坏账损失、列入的各项税金等）+ 营业费用、成本及制造费用（剔除工资、福利费、劳动保险金、待业保险金、住房公积金、养老保险、医疗保险等）+ 其他应收款本期借方发生额 + 其他应付款本期借方发生额 + 银行手续费

（2）确定主表的"投资活动产生的现金流量净额"。

①收回投资所收到的现金 =（短期投资期初数 – 短期投资期末数）+（长

期股权投资期初数 – 长期股权投资期末数）+（长期债权投资期初数 – 长期债权投资期末数）

该公式中，如果期初数小于期末数，则在投资所支付的现金项目中核算。

②取得投资收益所收到的现金 = 利润表投资收益 –（应收利息期末数 – 应收利息期初数）–（应收股利期末数 – 应收股利期初数）

③处置固定资产、无形资产和其他长期资产所收回的现金净额 = "固定资产清理"的贷方余额 +（无形资产期末数 – 无形资产期初数）+（其他长期资产期末数 – 其他长期资产期初数）

④收到的其他与投资活动有关的现金如收回融资租赁设备本金等。

⑤购建固定资产、无形资产和其他长期资产所支付的现金 =（在建工程期末数 – 在建工程期初数）（剔除利息）+（固定资产期末数 – 固定资产期初数）+（无形资产期末数 – 无形资产期初数）+（其他长期资产期末数 – 其他长期资产期初数）

上述公式中，如果期末数小于期初数，则在处置固定资产、无形资产和其他长期资产所收回的现金净额项目中核算。

⑥投资所支付的现金 =（短期投资期末数 – 短期投资期初数）+（长期股权投资期末数 – 长期股权投资期初数）（剔除投资收益或损失）+（长期债权投资期末数 – 长期债权投资期初数）（剔除投资收益或损失）

该公式中，如果期末数小于期初数，则在收回投资所收到的现金项目中核算。

⑦支付的其他与投资活动有关的现金如投资未按期到位罚款。

（3）确定主表的"筹资活动产生的现金流量净额"。

①吸收投资所收到的现金 =（实收资本或股本期末数 – 实收资本或股本期初数）+（应付债券期末数 – 应付债券期初数）

②借款收到的现金 =（短期借款期末数 – 短期借款期初数）+（长期借

款期末数 – 长期借款期初数）

③收到的其他与筹资活动有关的现金如投资人未按期缴纳股权的罚款现金收入等。

④偿还债务所支付的现金 =（短期借款期初数 – 短期借款期末数）+（长期借款期初数 – 长期借款期末数）（剔除利息）+（应付债券期初数 – 应付债券期末数）（剔除利息）

⑤分配股利、利润或偿付利息所支付的现金 = 应付股利借方发生额 + 利息支出 + 长期借款利息 + 在建工程利息 + 应付债券利息 – 预提费用中"计提利息"贷方余额 – 票据贴现利息支出

⑥支付的其他与筹资活动有关的现金。

如发生筹资费用所支付的现金、融资租赁所支付的现金、减少注册资本所支付的现金（收购本公司股票，退还联营单位的联营投资等）、企业以分期付款方式购建固定资产，除首期付款支付的现金以外的其他各期所支付的现金等。

分析附表的现金流净额公式

现金流量表附表是对主表中各个项目进行明细披露的补充表格。附表的现金流量净额公式主要涉及现金及现金等价物的净增加额的计算。以下是附表的现金流量净额公式。

（1）确定附表的"现金及现金等价物的净增加额"。

现金的期末余额 = 资产负债表"货币资金"期末余额；

现金的期初余额 = 资产负债表"货币资金"期初余额；

现金及现金等价物的净增加额 = 现金的期末余额 – 现金的期初余额。

注：一般企业很少有现金等价物，故该公式未考虑此因素，如有则应相应填列。

（2）确定附表的"经营活动产生的现金流量净额"。

①净利润。

该项目根据利润表净利润数填列。

②计提的资产减值准备。

计提的资产减值准备＝本期计提的各项资产减值准备发生额累计数

注：直接核销的坏账损失，不计入。

③固定资产折旧。

固定资产折旧＝制造费用中折旧＋管理费用中折旧＝累计折旧期末数－累计折旧期初数

注：未考虑因固定资产对外投资而减少的折旧。

④无形资产摊销＝无形资产期初数－无形资产期末数＝无形资产贷方发生额累计数

注：未考虑因无形资产对外投资减少。

⑤长期待摊费用摊销＝长期待摊费用期初数－长期待摊费用期末数＝长期待摊费用贷方发生额累计数

⑥待摊费用的减少（减：增加）＝待摊费用期初数－待摊费用期末数

⑦预提费用增加（减：减少）＝预提费用期末数－预提费用期初数

⑧处置固定资产、无形资产和其他长期资产的损失（减：收益）根据固定资产清理及营业外支出（或收入）明细账分析填列。

⑨固定资产报废损失。

根据固定资产清理及营业外支出明细账分析填列。

⑩财务费用＝利息支出－应收票据的贴现利息

⑪投资损失（减：收益）＝投资收益（借方余额正号填列，贷方余额负号填列）

⑫递延税款贷项（减：借项）＝递延税款（期末数期初数）

⑬存货的减少（减：增加）= 存货期初数 – 存货期末数

注：未考虑存货对外投资的减少。

⑭经营性应收项目的减少（减：增加）=（应收账款期初数 – 应收账款期末数）+（应收票据期初数 – 应收票据期末数）+（预收账款期初数 – 预收账款期末数）+（其他应收款期初数 – 其他应收款期末数）+（待摊费用期初数 – 待摊费用期末数）– 坏账准备期末余额

⑮经营性应付项目的增加（减：减少）=（应付账款期末数 – 应付账款期初数）+（预收账款期末数 – 预收账款期初数）+（应付票据期末数 – 应付票据期初数）+（应付工资期末数 – 应付工资期初数）+（应付福利费期末数 – 应付福利费期初数）+（应交税金期末数 – 应交税金期初数）+（其他应交款期末数 – 其他应交款期初数）

通过分析附表的公式，可以更详细地了解企业现金流量的来源和去向，有助于分析企业的经营、投资和筹资活动对现金流量的影响，为决策者提供有用的信息。

其他与现金流量表的相关公式

除了上述提到的现金流量表公式外，还有以下几个与现金流量表相关的公式：

（1）汇率变动对现金的影响。

汇率变动对现金的影响 = 现金及现金等价物期末余额 ×（期末汇率 – 期初汇率）

（2）销售商品、提供劳务收到的现金。

销售商品、提供劳务收到的现金 = 主营业务收入 + 其他业务收入 – 主营业务税金及附加 – 应收账款期初余额 + 应收账款期末余额 – 应收票据期初余额 + 应收票据期末余额

（3）购买商品、接受劳务支付的现金。

购买商品、接受劳务支付的现金＝主营业务成本＋其他业务成本－应付账款期初余额＋应付账款期末余额－应付票据期初余额＋应付票据期末余额

（4）支付的各项税费。

支付的各项税费＝应交税金＋其他业务税金及附加－递延税款期初余额＋递延税款期末余额

（5）收到其他经营活动。

收到其他经营活动＝营业外收入＋其他业务收入－营业外支出－其他业务成本

（6）支付其他经营活动。

支付其他经营活动＝营业外支出＋其他业务支出－营业外收入－其他业务成本

这些公式可以帮助我们更好地理解和分析现金流量表中的各项数据，从而为决策者提供更详细的信息。

3.3 现金流量表各项目的填列与合并

现金流量表的填列规则

现金流量表是企业财务报表中的一种，用于反映企业在一定时期内现金的流入和流出情况，是评价企业经营状况和财务状况的重要依据。根据内容结构，现金流量表的填列可分为三个部分，即经营活动产生的现金流量、投资活动产生的现金流量和筹资活动产生的现金流量。以下是具体的填列规则见表 3-1 至表 3-3。

（1）经营活动的填列规则。

表 3-1　经营活动的填列规则

活动类型	项目	内容	依据	公式
收到现金	销售商品、提供劳务收到的现金	销售商品、提供劳务收到的现金（含销项税金、销售材料、代购代销业务）	主营业务收入、其他业务收入、应收账款、应收票据、预收账款、现金、银行存款	主营业务收入＋销项税金＋其他业务收入（不含租金）＋应收账款（初－末）＋应收票据（初－末）＋预收账款（末－初）＋本期收回前期核销坏账（本收本销不考虑）－本期计提的坏账准备－本期核销坏账－现金折扣－票据贴现利息支出－视同销售的销项税－以物抵债的减少＋收到的补价
	税费返还	返还的增值税、消费税、关税、所得税、教育费附加	主营业务税金及附加、补贴收入、应交税费、现金、银行存款	—
	收到其他与经营活动有关的现金	罚款收入、个人赔偿、经营租赁收入等	营业外收入、其他业务收入、现金、银行存款	—
支付现金	购买商品、接受劳务支付的现金	购买商品、接受劳务支付的现金（扣除购货退回、含进项税）	主营业务成本、存货、应付账款、应付票据、预付账款	主营业务成本＋进项税金＋其他业务成本（不含租金）＋存货（末－初）＋应付账款（初－末）＋应付票据（初－末）＋预付账款（末－初）＋存货损耗＋工程领用、投资、赞助的存货－收到非现金抵债的存货－成本中非物料消耗（人工、水电、折旧）－接受投资、捐赠的存货－视同购货的进项税＋支付的补价
	支付给职工以及为职工支付的现金	支付给职工的工资、奖金、津贴、劳动保险、社会保险、住房公积金、其他福利费（不含离退休人员）	应付工资、应付福利费、现金、银行存款	成本、制造费用、管理费用中工资及福利费＋应付工资减少（初－末）＋应付福利费减少（初－末）

（续）

活动类型	项目	内容	依据	公式
支付现金	支付的各项税费	本期实际缴纳的增值税、消费税、营业税、关税、所得税、教育费附加、矿产资源补偿费、"四税"等各项税费（含属于的前期、本期、后期，不含计入资产的耕地占用税）	应交税费、管理费用（印花税）、现金、银行存款	所得税+主营业务税金及附加+已交增值税等
	支付其他与经营活动有关的现金	罚款支出、差旅费、业务招待费、保险支出、经营租赁支出等	制造费用、销售费用、管理费用、营业外支出	—

（2）投资活动的填列规则。

表 3-2　投资活动的填列规则

活动类型	项目	内容	依据	公式
收到现金	收回投资收到的现金	短期债权；长期股权、长期债权本金（不含长债利息、非现金资产）	长期股权投资、长期债权投资、现金、银行存款	—
	取得投资收益收到的现金	收到的股利、利息、利润（不含股票股利）	投资收益、现金、银行存款	—
	处置固定资产、无形资产和其他长期资产收回的现金净额	处置固定资产、无形资产、其他长期资产收到的现金，减去处置费用后的净额，包括保险赔偿；负数在"其他投资活动"反映	固定资产清理、现金、银行存款	—
收到现金	收到其他与投资活动有关的现金	收回购买时宣告未付的股利及利息	应收股利、应收利息、现金、银行存款	—
支付现金	购建固定资产、无形资产和其他长期资产支付的现金	购建固定资产、无形资产、其他长期资产支付的现金，分期购建资产首期付款（不含以后期付款、利息本化部分、融资租入资产租赁费，在筹资活动中）	固定资产、在建工程、无形资产	—

（续）

活动类型	项目	内容	依据	公式
支付现金	投资支付的现金	进行股权性投资、债权性投资支付的本金及佣金、手续费等附加费	短期投资、长期股权投资、长期债权投资、现金、银行存款	—
	支付其他与投资活动有关的现金	支付购买股票时宣告未付的股利及利息	应收股利、应收利息	—

（3）筹资活动的填列规则。

表3-3　筹资活动的填列规则

活动类型	项目	内容	依据	公式
收到现金	吸收投资收到的现金	发行股票、发行债券收入净值（扣除发行费用，不含企业直接支付的审计、咨询等费用，在其他中）	实收资本、应付债券、现金、银行存款	—
	取得借款收到的现金	举借各种短期借款、长期借款收到的现金	短期借款、长期借款、现金、银行存款	—
	收到其他与筹资活动有关的现金	接受现金捐赠等	资本公积、现金、银行存款	—
支付现金	偿还债务支付的现金	偿还借款本金、债券本金（不含利息）	短期借款、长期借款、应付债券、现金、银行存款	—
	分配股利、利润或偿付利息支付的现金	支付给其他单位的股利、利息、利润	应付股利、长期借款、财务费用、现金、银行存款	—
	支付其他与筹资活动有关的现金	捐赠支出、融资租赁支出、企业直接支付的发行股票债券的审计、咨询等费用	—	—

现金流量表的合并

合并现金流量表是指在一定会计期间，对母公司及其子公司组成的企业集团的整体现金流入、现金流出数量以及其增减变动情况进行综合反映的会计报表。

一般而言，现金流量表的合并是以母公司和子公司的现金流量表为基础，采用与编制合并资产负债表、合并利润表相同的原理、方法和程序，通过编制抵销分录抵销集团内部交易、投融资关系、子公司支付现金股利等业务对个别现金流量表中现金流量的影响，从而编制出合并现金流量表。

从单体现金流量表来看，现金流量表是以其母子公司本身的角度反映其在一定会计期间内的现金流入与流出的报表，是以单体企业作为会计主体进行会计核算的结果。而从集团角度来看，母公司与下辖子公司，以及各子公司之间的内部交易和业务，都会引起其单体公司的现金流量的重复计算。如果这时候只是将各单体公司的现金流量表项目进行简单相加，就会囊括很多内部交易的重复因素，并不能真实地反映集团的现金流量情况，因此需要对现金流量表进行合并。

（1）常见的合并现金流量表需要抵销的项目。

在合并现金流量表时，常见的需要抵销的有 6 类：①企业集团内部当期以现金投资或收购股权增加的投资所产生的现金流量；②企业集团内部当期取得投资收益收到的现金与分配股利、利润或偿付利息支付的现金流量；③企业集团内部以现金结算债权和债务所产生的现金流量；④企业集团内部当期销售商品所产生的现金流量；⑤企业集团内部处置固定资产等收回的现金净额与购建固定资产等支付的现金的抵销处理；⑥其他内部交易产生的现金流量。

（2）同一控制与非同一控制的合并形式对现金流量表的不同影响。

在合并日[⊖]合并财务报表时，同一控制下的企业合并会涉及合并现金流量表的编制问题，非同一控制下的企业合并则不涉及。而如果在合并日后编制合并财务报表，不论是同一控制下企业合并，还是非同一控制下的企

⊖　合并日：根据《企业会计准则第 20 号——企业合并》的规定，合并日是指合并方实际取得对被合并方控制权的日期。

业合并，都会涉及合并现金流量表的编制问题。

这是因为非同一控制下的企业合并，合并方购买的是被合并方的资产和负债。合并日之前的利润表和现金流量表上的项目和母公司无关，只有合并后产生的利润和现金流量才属于母公司，因此，在合并日，非同一控制下的企业合并不需要编制合并利润表和合并现金流量表。

对于同一控制下的企业合并，视同被合并方在最早期已经纳入合并范围，应对期初数进行重述，对现金流量表也应同步予以重述。比如，A公司与B公司同受最终控制方控制，A公司于2022年收购B公司，B公司在2022年之前成立，在编制合并报表时需要重述期初数据。因为在合并日之前没有对B公司的长期股权投资，在抵销的时候以资本公积替代。B公司在设立时原股东投入的现金也就相当于投入了本合并主体，所以作为本合并主体吸收外部权益性投资取得的现金处理。在合并日，按实际支付的现金对价在合并现金流量表中列入"支付的其他与筹资活动有关的现金"。

（3）合并现金流量表如何编制。

合并母公司及其子公司的现金流量表主要遵循以下步骤。

第一步，确定合并范围。由于现金流量表的合并是以母公司和子公司的现金流量表为基础的，因此首先需要确定母公司及其子公司组成的合并现金流量表范围。

第二步，收集并整理单体现金流量表。收集母公司及子公司的单体现金流量表，确保数据准确、完整。

第三步，抵销处理。根据合并现金流量表的需要，对以下项目进行抵销处理：

一是母公司与子公司、子公司相互之间当期以现金投资或收购股权增加的投资所产生的现金流量。这部分可以从两个方面来着手。

①转让企业集团外其他企业的股权。

当母公司从子公司中购买其持有的其他企业的股票时，由此所产生的现金流量，在购买股权方的母公司的个别现金流量表中，表现为"投资活动产生的现金流量"中的"投资支付的现金"的增加；而在出售股权方的子公司的个别现金流量表中，则表现为"投资活动产生的现金流量"中的"收回投资收到的现金"的增加。因此，编制合并现金流量表时将其予以抵销。

借：投资支付的现金

　　贷：收回投资收到的现金

②母公司对子公司投资。

在母公司对子公司投资的情况下，其所产生的现金流量在母公司的个别现金流量表中表现为"投资活动产生的现金流量"中的"投资支付的现金"的增加，而在接受投资的子公司个别现金流量表中则表现为"筹资活动产生的现金流量"中的"吸收投资收到的现金"的增加。因此，编制合并现金流量表时将其予以抵销。

借：投资支付的现金

　　贷：吸收投资收到的现金

比如，A公司以银行存款10000万元对B公司投资，持股比例80%，B公司接受投资增加股本。A、B公司相应的会计处理如下：

A公司：

借：长期股权投资　　　　　　　　　　　　　　　　　　100000000

　　贷：银行存款　　　　　　　　　100000000（投资支付的现金）

B公司：

借：银行存款　　　　　　　100000000（吸收投资收到的现金）

　　贷：股本　　　　　　　　　　　　　　　　　　　　100000000

抵销分录：

借：投资支付的现金　　　　　　　　　　　　　　　　　100000000

　　贷：吸收投资收到的现金　　　　　　　　　　　　　100000000

二是母公司与子公司、子公司相互之间当期取得投资收益收到的现金与分配股利、利润或偿付利息支付的现金。

母公司对子公司投资以及子公司之间进行投资分配现金股利或利润时，由此所产生的现金流量，在股利或利润支付方的个别现金流量表中表现为"筹资活动产生的现金流量"中的"分配股利、利润或偿付利息支付的现金"的增加，而在收到股利或利润方的个别现金流量表中则表现为"投资活动产生的现金流量"中的"取得投资收益收到的现金"的增加，为此，在编制合并现金流量表时必须将其予以抵销。

借：分配股利、利润或偿付利息支付的现金

　　贷：取得投资收益收到的现金

比如，A 公司是 B 公司的母公司，持股比例 80%，A 公司本期收到 B 公司支付的现金股利 300 万元中自己享有的部分。A、B 公司相应的会计处理如下：

A 公司：

借：银行存款　　　　　　　　2400000（取得投资收益收到的现金）

　　贷：应收股利　　　　　　　（3000000×80%）2400000

B 公司：

借：应付股利　　　　　　　　　　　　　　　　　　　3000000

　　贷：银行存款　　3000000（分配股利、利润或偿付利息支付的现金）

抵销分录：

借：分配股利、利润或偿付利息支付的现金　　　　　　2400000

　　贷：取得投资收益收到的现金　　　　　　　　　　2400000

三是母公司与子公司、子公司相互之间以现金结算债权与债务所产生的现金流量。这部分有两种情况。

①现金结算的债权与债务属于母公司与子公司、子公司相互之间内部销售商品和提供劳务所产生的。

从其个别现金流量表来说，在债权方的个别现金流量表中表现为"销售商品、提供劳务收到的现金"的增加；而在债务方的个别现金流量表中则表现为"购买商品、接受劳务支付的现金"的增加。在编制合并现金流量表时必须将由此所产生的现金流量予以抵销。

借：购买商品、接受劳务支付的现金

贷：销售商品、提供劳务收到的现金

②现金结算的债权与债务属于内部往来所产生的。

在债权方的个别现金流量表中表现为"收到的其他与经营活动有关的现金"的增加，在债务方的个别现金流量表中表现为"支付的其他与经营活动有关的现金"的增加，在编制合并现金流量表时由此所产生的现金流量予以抵销。

借：支付的其他与经营活动有关的现金

贷：收到的其他与经营活动有关的现金

四是母公司与子公司、子公司相互之间当期销售商品所产生的现金流量。这部分也分两种情况。

①母公司与子公司、子公司相互之间当期销售商品没有形成固定资产、工程物资、在建工程、无形资产等资产的。

该内部销售商品所产生的现金流量，在销售方的个别现金流量表中表现为"销售商品、提供劳务收到的现金"的增加，而在购买方的个别现金流量表中则表现为"购买商品、接受劳务支付的现金"的增加。

借：购买商品、接受劳务支付的现金

贷：销售商品、提供劳务收到的现金

比如，A 公司是 B 公司的母公司，持股比例 80%，A 公司向 B 公司销售商品的价款 1000 万元，增值税 130 万元，实际收到 B 公司支付的银行存款 1130 万元。B 公司作为存货入账。A、B 公司相应的会计处理如下：

A 公司：

借：银行存款　　　　　　　11300000（销售商品、提供劳务收到的现金）

贷：主营业务收入　　　　　　　　　　　　　　　　　　　　　10000000

应交税费——应交增值税（销项税额）　　　　　　　　　　　　1300000

B公司：

借：库存商品　　　　　　　　　　　　　　　　　　　　　　　10000000

应交税费—应交增值税（进项税额）　　　　　　　　　　　　　1300000

贷：银行存款　　　　11300000（购买商品、接受劳务支付的现金）

抵销分录：

借：购买商品、接受劳务支付的现金　　　　　　　　　　　　　11300000

贷：销售商品、提供劳务收到的现金　　　　　　　　　　　　　11300000

注："购买商品、接受劳务支付的现金"和"销售商品、提供劳务收到的现金"项目均含增值税。

②母公司与子公司、子公司相互之间当期销售商品形成固定资产、工程物资、在建工程、无形资产等资产的情况。

该内部销售商品所产生的现金流量，在购买方的个别现金流量表中表现为"购建固定资产、无形资产和其他长期资产支付的现金"的增加。为此，在编制合并现金流量表时必须将由此所产生的现金流量予以抵销。

借：购建固定资产、无形资产和其他长期资产支付的现金

贷：销售商品、提供劳务收到的现金

比如，A公司是B公司的母公司，持股比例80%，A公司向B公司销售商品的价款2000万元，增值税260万元，实际收到B公司支付的银行存款2260万元。B公司将所购入商品作为固定资产入账。A、B公司相应的会计处理如下：

A公司：

借：银行存款　　　　22600000（销售商品、提供劳务收到的现金）

贷：主营业务收入　　　　　　　　　　　　　　　　　　　　　20000000

应交税费——应交增值税（销项税额）　　　　　　　　　　　　2600000

B 公司：

借：固定资产　　　　　　　　　　　　　　　　　　　　20000000

　　应交税费——应交增值税（进项税额）　　　　　　　　2600000

　　贷：银行存款 22600000（购建固定资产、无形资产和其他长期资产支付的现金）

抵销分录：

借：购建固定资产、无形资产和其他长期资产支付的现金　22600000

　　贷：销售商品、提供劳务收到的现金　　　　　　　　22600000

五是母公司与子公司、子公司相互之间处置固定资产、无形资产和其他长期资产收回的现金净额与购建固定资产、无形资产和其他长期资产支付的现金等。

内部处置固定资产时，由于处置固定资产等所产生的现金流量，对于处置方个别现金流量表来说，表现为"处置固定资产、无形资产和其他长期资产收回的现金净额"的增加；对于购置该资产的接受方来说，在其个别现金流量表中表现为"购建固定资产、无形资产和其他长期资产支付的现金"的增加。故在编制合并现金流量表时必须将由此所产生的现金流量予以抵销。

借：购建固定资产、无形资产和其他长期资产支付的现金

　　贷：处置固定资产、无形资产和其他长期资产收到的现金净额

比如，A 公司是 B 公司的母公司，持股比例 80%，A 公司向 B 公司出售其自用的一项固定资产的价款 120 万元全部收到。A、B 公司相应的会计处理如下：

A 公司：

借：银行存款 1200000（处置固定资产、无形资产和其他长期资产收回的现金净额）

　　贷：固定资产清理　　　　　　　　　　　　　　　　1200000

B 公司：

借：固定资产 1200000

　　贷：银行存款 1200000（购建固定资产、无形资产和其他长期资产支付的现金）

抵销分录：

借：购建固定资产、无形资产和其他长期资产支付的现金 1200000

　　贷：处置固定资产、无形资产和其他长期资产收回的现金净额

1200000

六是母公司与子公司、子公司相互之间处置固定资产、无形资产和其他长期资产收回的现金净额与购建固定资产、无形资产和其他长期资产支付的现金。

内部处置固定资产时，由于处置固定资产等所产生的现金流量，对于处置方个别现金流量表来说，表现为"处置固定资产、无形资产和其他长期资产收回的现金净额"的增加；对于购置该资产的接受方来说，在其个别现金流量表中表现为"购置固定资产、无形资产和其他长期资产支付的现金"的增加。故在编制合并现金流量表时必须将由此所产生的现金流量予以抵销。

借：购建固定资产、无形资产和其他长期资产支付的现金

　　贷：处置固定资产、无形资产和其他长期资产收到的现金净额

比如，A 公司是 B 公司的母公司，持股比例 80%，A 公司向 B 公司出售其自用的一项固定资产的价款 120 万元全部收到。A、B 公司相应的会计处理如下。

A 公司：

借：银行存款 1200000（处置固定资产、无形资产和其他长期资产收回的现金净额）

　　贷：固定资产清理 1200000

B 公司：

借：固定资产 1200000

　　贷：银行存款 1200000（购建固定资产、无形资产和其他长期资产支付的现金）

抵销分录：

借：购建固定资产、无形资产和其他长期资产支付的现金 1200000

　　贷：处置固定资产、无形资产和其他长期资产收回的现金净额

1200000

七是母公司与子公司、子公司相互之间当期发生的租赁业务所产生的现金流量应当抵销。这部分也分为两种情况。

①母公司与子公司、子公司相互之间融资租赁固定资产以现金结算的租赁费、以分期付款形式购置固定资产以后各期结算的现金。

在这种情况下进行抵销时，应按收款方实际收到的现金净额，借记"支付其他与筹资活动有关的现金"项目，贷记"收到其他与投资活动有关的现金"项目。

借：支付其他与筹资活动有关的现金

　　贷：收到其他与投资活动有关的现金

②母公司与子公司、子公司相互之间经营租赁业务等现金流量。

这时应该按出租方收到的租金、违约金等，借记"支付其他与经营活动有关的现金"项目，贷记"收到其他与经营活动有关的现金"项目。

借：支付其他与经营活动有关的现金

　　贷：收到其他与经营活动有关的现金

八是母公司与子公司、子公司相互之间内部债券投资与筹资所产生的现金流量。有下列两种情况。

①内部债券投资与债券筹资现金流量抵销。

在个别现金流量表中一方作为债权性投资支付的现金，另一方作为发行债券收到的现金。抵消时，应借记"投资支付的现金"，贷记"发行债券

收到的现金"。

借：投资支付的现金

　　贷：发行债券收到的现金

②内部债券投资收益与债券筹资费用现金流量抵销。

一方作为取得债券利息收到的现金，另一方作为偿付利息支付的现金，此时，应借记"分配股利、利润或偿付利息支付的现金"，贷记"取得投资收益收到的现金"。

借：分配股利、利润或偿付利息支付的现金

　　贷：取得投资收益收到的现金

③内部债券投资收回现金流量抵销。

如果企业到期收回投资，抵销时，应借记"偿还债务支付的现金"，贷记"收回投资收到的现金"。如果是出售或转让投资给集团内其他成员企业，抵销时，应借记"投资支付的现金"，贷记"收回投资收到的现金"。

借：偿还债务支付的现金

　　贷：收回投资收到的现金

借：投资支付的现金

　　贷：收回投资收到的现金

九是母公司与子公司、子公司相互之间当期发生的其他内部交易所产生的现金流量。

集团内部票据结算业务现金流量的抵销。如果集团内部存在票据贴现业务，则应在期末编制合并现金流量表时进行抵销。具体分为以下两种情况。

①期末票据已经到期付款，则应抵销双方"销售商品、提供劳务收到的现金"和"购买商品、接受劳务支付的现金"，差额（即票据贴现利息）作为利息支出列示在"分配股利、利润和偿付利息所支付的现金"项目中。

②期末票据尚未到期付款，则一方企业收到的票据贴现款净额在合并

现金流量表中应作为筹资活动的现金流量列示，具体可列在"收到的其他与筹资活动有关的现金"项目中，并在会计报表附注中充分披露。

第四步，计算合并现金流量。即对经过抵销处理的数据进行汇总，计算出合并现金流量表中的各项数据。

第五步，审核并披露。审核合并现金流量表的准确性、完整性，确保数据真实、可靠，并根据公司规定和监管要求进行披露。

3.4　编制现金流量表的注意事项

现金流量表编不平的问题

很多新手朋友在编制现金流量表时，会出现"编不平"的问题，主要体现在：

经营活动现金净流量＋投资活动现金净流量＋筹资活动净流量＋汇率变动对现金及现金等价物的影响额≠现金及现金等价物净增加额

现金流量表编制出现"编不平"的现象，引发因素多种多样，比如，在编制现金流量表时，由于财务人员疏忽或对相关政策理解不透彻，导致某些数据填写错误或遗漏，从而导致现金流量表不平衡；对于经营、投资和筹资活动的划分不准确，导致现金流量表各部分之间的勾稽关系不平衡；在计算现金流量时，可能出现加减法运算错误，导致现金流量表不平衡；现金流量表中的汇率变动对现金及现金等价物的影响计算有误，导致现金流量表不平衡；在间接法下，净利润加上或减去调整因素后调节出的经营活动现金净流量与主表中经营活动现金净流量不相等，可能导致现金流量表不平衡；现金流量表与资产负债表、利润表等其他财务报表之间的勾稽关系不严密，可能导致现金流量表不平衡。

为了解决上述问题，我们首先需要认真比对各项数据，然后通过加强对财务报表知识的学习，仔细检查计算过程，关注汇率变动，调整经营活动现金流量等方式，强化对财务报表知识的理解和运用，认真核对数据，仔细计算，确保现金流量表的平衡。

数据的准确性与及时性问题

编制现金流量表时，有的人还会遇到没办法保证数据的准确性与及时性的问题，主要有如下几个原因。

信息获取难度。现金流量表的数据来源于企业的财务账簿和相关凭证，部分数据需要经过计算和分析才能获得。这些数据可能涉及多个部门和账户，信息获取难度较大，容易产生数据准确性问题。

报表编制者水平参差不齐。现金流量表的编制需要具备一定的财务知识和经验。报表编制者的水平参差不齐，可能导致数据处理和分析出现错误，影响报表的准确性。

报表编制时间限制。企业需要在规定的时间内完成现金流量表的编制，可能会遇到部分数据无法及时获取或处理，从而影响报表的及时性。

业务复杂性。企业的业务种类繁多，部分业务可能涉及多个账户和报表项目，增加了数据处理的复杂性，可能导致数据的准确性和及时性问题。

信息系统问题。现金流量表的编制需要依赖于企业的信息系统，如ERP、财务报表系统等。如果信息系统存在问题，如数据不准确、系统故障等，可能会影响现金流量表的编制质量和及时性。

审计和监管要求。企业需要按照审计和监管要求编制现金流量表，部分数据可能需要进行调整或重新计算，这也可能影响报表的准确性和及时性。

为了解决现金流量表编制中出现的数据准确性与及时性问题，我们可以通过完善信息系统，健全内部控制制度，提高报表编制者素质，合理安排报表编制时间和加强审计与监管等措施来确保报表数据的真实有效。

取得或处置子公司及其他营业单位现金流量的方法

在编制现金流量表时，想要取得或处置子公司的现金流量，我们首先需要明白在什么情况下使用子公司及其他营业单位的现金净额，它们的现金净额又是如何来确定的。

（1）明确适用范围。

"取得或处置子公司及其他营业单位现金流量"可以拆分为"取得子公司及其他营业单位支付的现金净额"和"处置子公司及其他营业单位收到的现金净额"两个项目，这两个项目具体会在合并报表还是个别报表上使用，需要对照《企业会计准则第 20 号——企业合并》规定的企业合并的会计处理原则。具体而言，有如下两种情况。

①发生控股合并或处置子公司股权（指处置所持子公司的全部或部分股权导致丧失对其控制权，下同）的情况。

在这种情况下，"取得子公司及其他营业单位支付的现金净额"和"处置子公司及其他营业单位收到的现金净额"这两个项目均仅用于合并现金流量表中。母公司个别现金流量表中不应使用这两个项目。

在控股合并或处置子公司股权发生当期的母公司个别现金流量表中，对于取得子公司及其他营业单位所支付的现金对价，应当计入"投资所支付的现金"；对于处置子公司及其他营业单位收到的现金对价，应当计入"收回投资收到的现金"。

②发生吸收合并或业务合并，或者整体处置非法人营业单位的情况。

在发生吸收合并或业务合并，或者整体处置非法人营业单位的情况下，"取得子公司及其他营业单位支付的现金净额"和"处置子公司及其他营业单位收到的现金净额"这两个项目可以在个别现金流量表上使用。

（2）列报金额的确定。

在根据前述原则确定这两个项目适用范围的基础上，这两个项目的列报金额按下列方法确定。

①"取得子公司及其他营业单位支付的现金净额"项目，专用于反映在非同一控制下企业合并（含《企业会计准则第20号——企业合并》及其应用指南和讲解所定义的"业务合并"，下同）以及同一控制下吸收合并或业务合并发生的当期，购买方以现金方式支付的合并对价，减去被购买（合并）的子公司或其他营业单位于购买日（或合并日）所持有的现金及现金等价物之后的净额。

A. 非同一控制下企业合并中购买方跨期支付的现金对价，分别以下情况处理。

在企业合并年度之前支付的现金对价，应列报为"投资所支付的现金"；

在以后年度支付的现金对价，应列报为"支付的其他与筹资活动有关的现金"。

B. 同一控制下企业合并中合并方支付的现金对价，按以下原则处理：

在合并报表层面应当列报为"支付的其他与筹资活动有关的现金"，不使用"取得子公司及其他营业单位支付的现金净额"项目；

在个别报表层面，同一控制下控股合并中合并方支付的现金对价应当列报为"投资所支付的现金"；同一控制下吸收合并或业务合并的合并方支付的现金对价减去被合并方于合并日持有的现金及现金等价物余额后的差额，应当列报为"取得子公司或其他营业单位支付的现金净额"。

②"处置子公司及其他营业单位收到的现金净额"项目，专用于反映在丧失对子公司和其他营业单位控制权（因而不再将其纳入合并报表范围）的当期，所收到的处置现金对价减去该子公司和其他营业单位在处置日所持有的现金及现金等价物以及相关处置费用之后的净额。跨期（指在处置日所在会计期间之前或之后的会计期间）收取的现金对价，在收到当期列报为"收回投资收到的现金"。

如何将现金流量表编制得规范、美观

要将现金流量表编制得规范、美观，可以遵循以下几点：

熟悉现金流量表的结构和内容。了解现金流量表的各个部分，包括经营活动、投资活动、筹资活动和补充资料等，掌握各个项目的含义和填列方法。

规范表格格式。使用统一的表格格式，如字体、字号、行距、列宽等，保持整个现金流量表的整齐美观。可以采用 Excel 或其他电子表格软件来制作现金流量表，以便于调整格式和计算数据。

合理安排表格内容。将现金流量表的主要内容放在表格的上方，补充资料放在下方，确保表格内容层次分明、逻辑清晰。

准确填写数据。确保现金流量表中的数据准确无误，遵循会计准则和会计政策，避免填写错误或模糊的数据。

注明数据来源和计算方法。对于复杂的数据计算，应在现金流量表中注明数据来源和计算方法，以便于报表使用者理解和分析。

统一时间口径。现金流量表中的数据应保持时间口径一致，避免在同一期现金流量表中混用不同时期的数据。

添加表头和说明。在现金流量表中添加表头，说明各个项目的含义和计算方法，方便报表使用者阅读和理解。

使用图表和数据分析工具。在现金流量表中使用图表和数据分析工具，如柱状图、折线图等，可以更直观地展示现金流量情况，使报表更加美观。

审核与修改。在编制现金流量表后，对其进行审核和修改，确保报表内容的完整性、准确性和美观度。

通过以上几点，可以使现金流量表编制得更加规范、美观，更好地展示企业的现金流量情况，为报表使用者提供有效的信息。

编制了利润表后，还有必要编现金流量表吗

编制利润表后，仍有必要编制现金流量表。利润表和现金流量表是企业财务报表的两个重要组成部分，它们分别反映了企业的经营成果和现金流动情况，具有不同的功能和作用。

利润表主要反映了企业在一定时期内的经营成果，包括收入、成本和利润等，它有助于企业了解其盈利能力，分析经营效益，可以为企业决策者提供有关企业经营方向和策略的信息。现金流量表则主要反映了企业在一定时期内的现金收入和支出情况，包括经营活动、投资活动和筹资活动等，它有助于企业了解其现金流动状况，评估企业的偿债能力和资金周转情况，并为企业决策者提供有关资金管理和投资决策的信息。

因此，虽然利润表和现金流量表在某些方面有所重叠，但它们分别关注企业的经营成果和现金流动，各自具有独特的价值和作用。企业在编制利润表后，仍需要根据相关数据和信息编制现金流量表，以全面反映企业的经营状况和财务状况。同时，现金流量表也是审计、税务和其他监管部门关注的重要财务报表之一，企业应按照相关法规和准则的要求编制现金流量表。

第4章
现金流量表的编制方法总览

4.1 编制方法概况

直接法和间接法

在编制现金流量表时，列报经营活动现金流量的方法有两种：直接法和间接法。这两种方法对于经营现金流计算有所不同，但对于投资现金流和融资现金流的计算是一样的。此外，我们一般将使用直接法编制的现金流量表作为主表，而将使用间接法编制的现金流量表作为附表。

（1）直接法。

直接法（the Direct Method）是较为常见的现金流量表编制方法，它主要关注企业的经营、投资和筹资活动，通过分析各项活动的现金流入和现金流出，来揭示企业的现金流量状况。采用直接法编报的现金流量表，可以有效地帮助企业分析经营活动产生的现金流量的来源和用途，预测企业现金流量的未来前景。

直接法的主要特点是以收付实现制为基础，关注现金的实际收入和支出。在直接法下，现金流量表分为经营活动、投资活动和筹资活动三个部分，分别计算各个活动的现金流入和现金流出，从而分析企业现金流量的来源和去向。

所以，我国《企业会计准则》规定企业应当采用直接法编报现金流量表，同时要求在附注中提供以净利润为基础调节经营活动现金流量的信息。

（2）间接法。

间接法（the Indirect Method）是一种通过调整利润表和资产负债表的数据来编制现金流量表的方法。

采用间接法编报的现金流量表，便于将净利润与经营活动产生的现金流量净额进行比较，了解净利润与经营活动产生的现金流量差异的原因，从现金流量的角度分析净利润的质量。换句话说，间接法的起点是"净利润"，终点只有一个，即"经营活动现金流量净额"，用间接法编制的现金流量表，反映的是企业实现的"净利润"的质量。

在实际运用中，间接法跟财务管理的现金净流量非常接近，财务管理认为，现金净流量＝净利润＋折旧＋摊销，这主要是从预测的角度，对未来现金流的预测，经营性应收项目的增减、经营性应付项目的增减影响比较小，不列入预测范围。

间接法的主要思路是将净利润调节为经营活动现金流量、将投资收益和投资支付调节为投资活动现金流量、将筹资费用和偿还债务支付调节为筹资活动现金流量。具体操作中，间接法需要对净利润进行一系列调整，以消除会计政策、会计估计和非现金交易等对净利润的影响，从而更好地反映企业的现金流量状况。比如，采用间接法编制的现金流量表可以很直观地说明企业"为什么有这么多利润，但又没有钱"的问题。

5 种主要的编制方法

虽然直接法和间接法都可以作为列报经营活动现金流量的方法，但在实际的编制工作中，我们根据《企业会计准则》的要求，采用直接法进行现金流量表的编制工作。

直接法下使用的方法主要有 5 种，分别是工作底稿法、T 型账户法、分析填列法、财务软件编制法和按每笔现金及银行存款项目汇总法。

从分类上讲，T 型账户法、工作底稿法都是通过编制会计分录的方式，是"会计方法"，其他类型的也许可以归纳为"统计方法"。但这 5 种方法在实际编制工作中可以相互结合使用，以达到更准确地反映企业现金流入和流出的目的。在接下来的小节中，我们将对这 5 种方法进行详细阐述。

4.2　工作底稿法

工作底稿法、T 型账户法、分析填列法、财务软件编制法和按每笔现金及银行存款项目汇总法是编制现金流量表时会用到的方法。在本节中，我们主要探讨工作底稿法的基本情况。

工作底稿法的原理

工作底稿法（Working–Manuscript Method）的雏形可以追溯到 20 世纪初，当时会计师们开始采用一种称为"工作底稿"的会计工具来辅助编制财务报表。这一阶段，工作底稿主要用于审计过程中，帮助审计师对企业的财务状况进行详细审查。

20 世纪 50 年代至 70 年代，工作底稿法逐渐得到广泛应用。随着企业规模的扩大和业务的复杂性增加，财务报表的编制变得越发烦琐，工作底稿法作为一种有效的编制方法得到了更多会计师的认可。

20 世纪 80 年代至 90 年代，工作底稿法在实践中不断得到完善。这一阶段，会计师们对工作底稿法的步骤和内容进行了进一步优化，使其更加符合会计准则和审计要求。

21 世纪初，随着我国会计准则的国际化和财务报表编制要求的不断提高，工作底稿法在全国范围内得到广泛推广。许多企业和会计师事务所开始将工作底稿法应用于现金流量表的编制，以提高财务报表的准确性和可靠性。

如今，工作底稿法已成为我国企业编制现金流量表的主要方法之一。随着科技的发展，财务软件和数据分析工具的普及，工作底稿法的操作过程得到了进一步简化，提高了财务报表编制的效率。

一般而言，工作底稿法的原理如下。

①**以资产负债表和利润表数据为基础**。工作底稿法通过分析利润表和资产负债表中的各项数据，对现金流量表的每一项目进行深入研究。

②**编制调整分录**。根据财务报表数据，对当期业务进行梳理，编制调整分录。调整分录包括权责发生制下的收入费用转换为现金基础、投资和筹资项目等。

③**划分工作底稿段落**。工作底稿分为三段，分别是资产负债表项目、利润表项目和现金流量表项目。横向有五个栏目，包括项目名称、期初数、调整分录借方栏、调整分录贷方栏和期末数栏。

④**录入调整分录**。将调整分录录入工作底稿的相应部分。

⑤**核对调整分录**。确保调整分录的借贷金额相等，资产负债表项目期初数加减调整分录中的借贷金额后等于期末数。

⑥**编制正式现金流量表**。根据工作底稿中的现金流量表项目部分，编制正式的现金流量表。

总体上来说，作为一种详细而全面的方法，工作底稿法的优点是能够详细地反映企业的现金流量情况，具有准确性高、逻辑性强的优点，有利于审计和分析，但编制过程较为烦琐，工作量较大。

工作底稿法的编制思路

工作底稿法的编制思路如下。

①将资产负债表期初数和期末数过入工作底稿期初数栏和期末数栏，将利润表本年发生额过入工作底稿本期数栏。

②对本期经济业务进行分析并编制调整分录。

③将调整分录过入工作底稿相应部分。

④核对调整分录。满足勾稽关系：

工作底稿借方发生额合计＝贷方发生额合计

资产负债表期初数＋（－）调整分录中的借贷金额＝期末数

利润表项目中调整分录借贷金额＝本期数

⑤根据工作底稿中的现金流量表项目编制现金流量表主表。

4.3　T型账户法

T型账户法的原理

T型账户法（Type T Account Method）也是以资产负债表、利润表和所有者权益表为基础，通过对报表项目进行逐个分析来编制调整分录，进而编制现金流量表。

T型账户法起源于20世纪初，由美国会计师兰德·卡普兰（Randolph advocated）首次提出。这种方法主要通过对资产负债表、利润表和所有者权益表的分析，以账户形式编制现金流量表，从而更清晰地反映企业的现金流动情况。

20世纪50年代至70年代，T型账户法逐渐得到广泛关注和应用。许多国家和企业开始采用这种方法来编制现金流量表，以便更好地了解和控制企业的现金流。在此阶段，T型账户法因为准确性高、便于审计等优点得到了广泛认可。

20世纪80年代至今，随着计算机技术的快速发展，T型账户法逐步实现了电子化，使得编制过程更加简便、高效，T型账户法在全球得到了广泛应用，并发展成为编制现金流量表的5大方法之一。

现金流量表的原理主要表现如下。

（1）以资产负债表和利润表为基础。

T型账户法通过分析资产负债表和利润表的数据，对企业的现金流量进行分类和调整，以间接法编制现金流量表。

（2）平衡原则。

T型账户法依据资产负债表年末数与年初数差额平衡，利润及利润分配表的未分配利润与资产负债表的未分配利润的差额对应平衡的原理，逐项过入和调整为现金流量表各项目开设的T型账户。

（3）开设T型账户。

为非现金项目分别开设T型账户，将各自的期初、期末变动数过入各该科目。T型账户分为借方和贷方，借方登记资产、成本、费用的增加，负债、所有者权益的减少及收益的结转；贷方登记资产的减少，成本和费用的结转，负债、所有者权益及收益的增加。

（4）准确性及可靠性。

T型账户法通过账户形式反映企业的现金流动情况，避免了重计、漏计等现象，提高了现金流量表的准确性。同时，T型账户法以平衡原则为基础，确保了现金流量表的可靠性。

从原理上来看，工作底稿法与T型账户法并没有本质的区别，都是需要根据资产负债表、利润表科目（或者总账科目）来编制调整分录，它们的区别在于T型账户法仅对现金流量表主表部分进行汇总，至于是否准确合理，没有可核对的地方，因此，在实际编制工作中的应用较少。

就工作底稿法而言，由于工作底稿是将资产负债表科目、利润表科目、现金流量表科目同列在一张工作底稿中，并通过调整分录后的科目进行平衡校对，当调整后的科目与报表期末数不一致（俗称不平）时，需要再次编制调整分录，最终可以得出相对合理、平衡的现金流量表主表。

在计算机还未普及的手工账年代，使用工作底稿法来编制现金流量表，会计人员需要做大量的工作，非常烦琐，使得会计人员对这一方法望而生畏。现在，计算机已经是办公必备工具，使用Excel表格代替手工做账，大大减少了会计人员的工作量，因此，工作底稿法也越来越受到人们的喜爱，

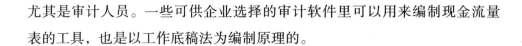

尤其是审计人员。一些可供企业选择的审计软件里可以用来编制现金流量表的工具，也是以工作底稿法为编制原理的。

T 型账户法编制的 7 个步骤

为了确保编制过程的准确性和完整性，使用 T 型账户法来编制现金流量表，一般需要经历 7 个步骤。

（1）收集数据。

收集编制现金流量表所需的相关数据，包括资产负债表、利润表、所有者权益变动表等。

如假设 A 公司仅涉及经营活动和投资活动，不涉及筹资活动，在这一步，该公司编制现金流量表的财务人员需要收集资产负债表（年初数和年末数）、利润表和所有者权益变动表的相关数据。

（2）增设差额行。

在资产负债表的每个项目下增设一行，用于记录期初数与年末数的差额。同时，对资产、负债和所有者权益的差额进行复核，确保平衡，即：资产差额 = 负债差额 + 所有者权益差额。

上述案例中，A 公司的财务人员需要在资产负债表的每个项目下增设一行，记录期初数与年末数的差额。如：

资产：

- 货币资金（期初）：100 万元

- 应收账款（期初）：200 万元

- 存货（期初）：300 万元

（3）开设 T 型账户。

根据现金流量表的项目，开设相应的 T 型账户，如"经营活动现金流量——销售商品收到的现金""经营活动现金流量——支付给员工的工资"等。

接着，A公司的财务人员根据现金流量表的项目，开设相应的T型账户，如：

经营活动现金流量：

- 销售商品收到的现金

- 支付给员工的工资

- 支付的各项税费

投资活动现金流量：

- 收回投资收到的现金

- 购买固定资产、无形资产等

（4）逐项调整。

根据资产负债表和利润表的数据，逐项将数据记入相应的T型账户的借方或贷方。如逐个将应收账款、应收票据、预收账款调整记入"经营活动现金流量——销售商品收到的现金"的借方或贷方。值得注意的是：固定资产及累计折旧、应付工资、应交税金等可能涉及多个T型账户，其差额应依据明细账余额分别调整记入。在此过程中，要注意保持各项之间的平衡关系。

A公司的财务人员开设T型账户后，还需要对过入相应T型账户的数据进行逐项调整：

经营活动现金流量：

- 销售商品收到的现金：根据利润表中的营业收入，计算出销售商品收到的现金为150万元。

- 支付给员工的工资：根据工资单，支付给员工的工资为80万元。

- 支付的各项税费：根据财务报表，支付的各项税费为10万元。

投资活动现金流量：

- 收回投资收到的现金：公司本期没有收回投资，所以为0元。

- 购买固定资产、无形资产等：根据购买合同，本期购买固定资产50万元。

（5）计算 T 型账户余额。

根据 T 型账户的余额，编制现金流量表，如：计提的经营性职工的工资和福利费以及保险费由"经营活动现金流量—支付其他与经营有关的现金"的借方过入"经营活动现金流量—支付职工的现金"的贷方；记入营业费用的各项税金由"经营活动现金流量—支付其他与经营有关的现金"的借方，过入"经营活动现金流量——支付的其他税金"的贷方。

需要注意的是，T 型账户余额的计算要遵循现金流量表的编制准则。

这一步，A 公司的 T 型账户余额计算结果如下：

经营活动现金流量：

- 销售商品收到的现金：150 万元
- 支付给员工的工资：–80 万元
- 支付的各项税费：–10 万元
- 经营活动现金流量：60 万元

投资活动现金流量：

- 收回投资收到的现金：0 万元
- 购买固定资产、无形资产等：–50 万元
- 投资活动现金流量：–50 万元

（6）核对现金流量表。

在完成现金流量表的编制后，要对其进行核对，确保各项数据准确无误。

（7）编制补充资料。

根据 T 型账户法编制的现金流量表，编制补充资料，如"将净利润调节为经营活动现金流量"等。A 公司由于没有净利润，所以无须编制这一部分。

通过以上 7 个步骤，我们就完成了基于 T 型账户法的现金流量表编制。

4.4　分析填列法

分析填列法的特点

分析填列法（Analysis And Filling Method）是一种依照现金流量表的定义，以及资产负债表、利润表和有关会计科目明细账的记录，分析计算出现金流量表各项目的金额，并据以编制现金流量表的一种方法。

分析填列法起源于 20 世纪 70 年代，当时企业对现金流量的管理需求逐渐增加，需要一种简便且准确的方法来编制现金流量表。分析填列法作为一种较为简便的方法，逐渐得到企业的关注和应用。

随着全球经济的发展，企业规模在不断扩大，业务也逐渐变得越来越复杂，分析填列法在 20 世纪 90 年代逐渐成为一种主流的现金流量表编制方法。许多企业和会计师事务所开始广泛采用分析填列法来编制现金流量表，以提高财务报表的准确性和可靠性。

进入 21 世纪，分析填列法在实践中不断得到完善和优化。我国财政部在 2001 年发布的《企业会计制度》中，对分析填列法进行了详细的规定和指导，使得分析填列法在实际应用中更加规范和精确。

作为编制现金流量表常用的方法，分析填列法具有以下几个特点。

（1）规范性。

使用分析填列法编制现金流量表，主要是通过将收入、费用、利润等会计科目发生额按照其性质和发生的顺序进行分析、归类和填列，以得出现金流量表的各项数据。

分析填列法的规范性体现在遵循会计准则和制度、统一报表项目列报、合理划分和归类会计科目、详细分析解释报表数据、保持报表持续性和一致性以及重视报表披露和透明度等方面。这些规范性要求，可以确保财务报表的准确性和可靠性，为利益相关者提供有价值的信息。通过分析填列法，可以让数据更加规范和统一，便于比较和分析。

（2）便于理解。

分析填列法通过将数据以表格化、图形化等方式展现出来，使得数据变得更加直观、易于理解。在展示数据时，分析填列法注重体现数据之间的逻辑关系，比如，在展示多个指标时，可以清晰地呈现它们之间的关联性、因果关系等。这有助于加深对数据内涵的理解，提高分析的准确性。

（3）方便分析。

分析填列法将财务数据按照项目进行分类、整合，如营业收入、成本、费用等，从而使得分析人员可以全面、系统地了解企业的财务状况，对各项业务活动的盈利能力、成本结构和费用控制等方面进行有针对性的分析，找到潜在的问题和风险，为决策提供有力支持。此外，分析填列法提供了一系列的数据计算和分析工具，如平均数、比率、趋势分析等。这些工具可以帮助分析人员更加深入地研究数据，发现企业经营中的优势和不足，为改进管理和决策提供依据。

（4）局限性。

分析填列法已成为我国企业编制现金流量表的常用方法之一，被企业的财务人员、审计人员广泛采用，很多上市公司的现金流量表也是采用这一方法编制而成的。此外，在网上流行的一些"快速编制现金流量表""十分钟编制现金流量表"等，大多都是运用 Excel 模板，将相关科目分析填列进去，快速生成现金流量表主表。

由此可见，如果会计人员对现金流量表理解到位，业务也相对简单，确实可以用分析填列法编制出相对合理的现金流量表主表。但分析填列法的不足之处也是很明显的，最主要的是跟现金流量表附表不平时，就通过在某一科目挤平，造成有些现金流量表跟实际情况不相符。正如业内流行的一句行话，即"100个人可以编制出100种现金流量表"，这一现象是值得每个会计人员深思的。

分析填列法在现金流量表的编制中虽然具有一定的优势，但同时也存在局限性，主要体现在以下几个方面。

适用范围有限。分析填列法适用于业务简单、现金流量稳定的企业，对于业务复杂、现金流变动较大的企业，可能难以准确反映企业的现金流量状况。

准确性受影响。分析填列法依赖于财务报表和相关会计科目的记录，如果会计处理存在错误或者遗漏，将会影响分析填列法编制的现金流量表的准确性。

数据来源受限。分析填列法需要较为完整的财务报表和会计分录数据，如果企业财务报表数据不完整或存在错误，将会对分析填列法的应用造成一定影响。

分析过程主观性较强。在分析填列法中，编制者需要根据自身的经验和理解对财务数据进行分析和分类。这使得分析过程主观性较强，可能导致不同的分析者得出不同的结论。

难以适应外部环境变化。分析填列法较为依赖企业内部的财务数据，难以及时反映外部环境变化对企业现金流的影响。在企业面临市场、行业等因素变动时，分析填列法可能难以准确反映企业的现金流量状况。

无法替代其他分析方法。分析填列法在现金流量表编制中具有一定的优势，但并不能完全替代其他分析方法，如工作底稿法、T型账户法等。

因此，在实际应用中，企业需要根据自身的实际情况和需求，选择合适的编制方法。同时，应注意分析填列法在现金流量表编制中的局限性，并结合其他分析方法，以获得更全面、准确的企业财务状况分析。

分析填列法的编制流程

分析填列法是一种现金流量表编制方法，主要通过分析企业的财务报表和相关会计科目的记录，来确定各项现金流量。分析填列法的具体编制流程如下。

（1）收集财务数据。

首先需要收集企业的财务报表，包括资产负债表、利润表、所有者权益表等，以及相关的会计分录数据。比如，某零售企业需要编制 2022 年的现金流量表，这一步需要收集该企业 2022 年度的会计科目数据，如销售收入、主营业务成本、销售费用等。

（2）分析损益类账户。

对损益类账户进行分析，计算出各项收入和支出的实际发生额。我们接着对该零售企业进行损益类账户分析：

- 销售收入（主营业务收入）：100 万元
- 主营业务成本：60 万元
- 销售费用：10 万元
- 管理费用：5 万元
- 净利润：25 万元

（3）确定现金流量项目。

根据分析结果，将损益类账户中的各项收入和支出调整为现金流量项目，如销售商品、提供劳务收到的现金、购买商品、接受劳务支付的现金等。需要注意的是，这里可能需要对一些项目进行调整，以反映企业实际的现金流量情况。

这一步，我们来确定该零售企业的现金流量项目：

- 销售商品、提供劳务收到的现金：100 万元
- 购买商品、接受劳务支付的现金：60 万元
- 员工工资支付的现金：10 万元

- 税费支付：3万元

（4）计算现金流量金额。

根据现金流量项目的发生额，计算出各项目的现金流量金额。

该零售企业的现金流量金额计算结果如下：

- 销售商品、提供劳务收到的现金：100万元
- 购买商品、接受劳务支付的现金：60万元
- 员工工资支付的现金：10万元
- 税费支付：3万元

（5）填列现金流量表。

将计算出的现金流量金额填列到现金流量表中，形成完整的现金流量表。

该零售企业的经营活动现金流：

100（万元）–60（万元）–10（万元）–3（万元）＝27（万元）

投资活动现金流：0（假设）

筹资活动现金流：0（假设）

（6）核对校验。

完成现金流量表的编制后，需要对现金流量表进行核对和调整，确保现金流量表的准确性和完整性。

（7）分析现金流量表。

通过对现金流量表的分析，了解企业的现金流量状况，为企业决策提供依据。

我们来对该零售企业的现金流量表进行分析：

- 经营活动现金流为27万元，表明该零售企业在经营过程中实际收到的现金净额为27万元，相比净利润25万元，说明该企业的经营活动实际现金流入较好。
- 投资活动和筹资活动现金流均为0，表明企业在报告期内没有进行投

资和筹资活动。

需要注意的是，分析填列法的具体编制过程可能因企业的实际情况和需求而有所不同，但总体上需要遵循以上流程，以确保现金流量表的准确性和完整性。在实际操作中，财务人员还可以借助财务软件等其他手段来提高分析填列法的编制效率。

4.5 财务软件编制法

财务软件编制法的发展概况和特点

在信息技术发展早期，企业编制现金流量表主要依靠手工计算，这种方式效率低下、容易出错，且无法满足及时查询和分析的需求。随着计算机技术的普及，财务人员开始使用电子表格软件（如 Excel）编制现金流量表。电子表格可以方便地处理大量数据，提高编制速度，但仍然存在数据一致性、协同性等问题。

大约在 20 世纪 60 年代至 70 年代初，为了解决手工编制和电子表格阶段的痛点，专业的财务软件应运而生。财务软件具备完善的会计科目体系、自动化的账务处理能力以及强大的报表生成功能，可以大幅提高现金流量表的编制效率和准确性。

进入 21 世纪，随着互联网技术的快速发展，财务软件逐渐实现云端化、在线化，用户可以随时随地登录系统，进行现金流量表的编制和数据分析。此外，财务软件还具备与其他业务系统（如 ERP、CRM 等）集成的能力，为企业提供更为全面的信息管理解决方案。

近年来，人工智能技术也逐渐应用于财务领域，部分财务软件开始具备智能识别、自动分析等功能，能够根据企业业务数据自动生成现金流量表，并为财务决策提供智能建议。

在我国，财务软件的发展始于 20 世纪 80 年代。当时，国内一些计算机公司和金融机构开始研发财务软件，以满足企业日益增长的财务管理需求。

如今，市场上有很多知名的财务软件，如金蝶、用友等，它们为企业和机构提供了全面的财务管理和决策支持功能。这些软件很多都具有方便快捷、步骤清晰、操作简单等特点，能帮助财务人员快速完成现金流量表的编制工作，提升办公效率。

使用用友财务软件编制现金流量表的 4 个步骤

用友财务软件是国内一款著名财务管理软件，其现金流量表编制功能同样强大。一方面，用友软件可以帮助用户轻松生成现金流量表，支持多种报表格式和自定义模板。另一方面，用友财务软件还具备与其他业务模块如应收应付、固定资产、成本核算等集成查询的功能，方便用户全面了解企业财务状况。

在使用用友财务软件时，可以通过下面 4 个步骤来编制现金流量表。

（1）设置现金流量科目。

使用用友财务软件编制现金流量表，首先需要设置现金流量科目。设置现金流量科目的目的是告诉计算机系统哪些科目是与现金流量有关的科目，以便于系统在数据处理时正确地归集。基本过程如下：

- 启动"会计科目"设置窗口，选择编辑菜单中的"指定科目"级联菜单。
- 在弹出的"指定科目"窗口中，将现金、银行存款和其他货币资金指定为现金流量科目。
- 需要注意的是，所能指定的现金流量科目必须是最末级科目。

（2）设置现金流量科目控制选项。

为了保证与现金流量表有关的经济业务能够正确地录入现金流量项目，

需要对凭证填制设置控制选项。基本设置方法是：

- 启动"系统选项"窗口，在"凭证控制"中选中"现金流量科目必录现金流量项目"选项。
- 这样在填制凭证涉及现金流量科目时，必须将信息录入现金流量项目中，否则凭证不能保存，从而避免数据信息的遗漏。

（3）修改现金流量项目。

用友财务软件中内设了现金流量项目，但其仅从现金流量表项目的角度进行了设置，未能有效地考虑到现金流量业务的实际特点，并不能满足业务处理的要求，如发生从银行提取现金或将现金存入银行的业务，在填制凭证时将无法正确向现金流量项目进行归集，因此必须增加一项现金内部变动的项目来归集这类业务，具体增加内容为：增加项目分类"06 现金内部变动"，增加项目目录"23 现金内部变动"。

（4）凭证填制分现金流量项目录入信息，编制现金流量表。

在凭证填制时，将现金流量录入现金流量项目后，就可以通过系统提供的查询功能随时了解现金流量的变化。用友财务软件提供了两种查询方式：

一种是"现金流量表"查询。这种方式在输入凭证时比较省力，但在凭证拆分、定义计算项目来源时比较麻烦且有时不够准确。

另一种是"UFO 报表"查询。这种方法在输入凭证、定义单元公式时比较麻烦，但相对比较准确。

总而言之，使用用友财务软件编制现金流量表的关键在于设置现金流量科目、控制选项以及根据实际业务需求修改现金流量项目和编制现金流量表。在进行这些操作时，务必确保准确无误地录入数据，以保证现金流量表的准确性。

使用金蝶财务软件编制现金流量表的两种方法

金蝶财务软件是另一款国内较为知名的企业财务管理软件，具备强大的现金流量表编制功能。在金蝶财务软件中，用户可以按照步骤新建方案、定义现金科目、引入凭证、定义报表时间、定义 T 型账户以及打开现金流量表。金蝶软件还支持自定义现金流量项目和模板，以满足不同企业的需求。

用金蝶财务软件编制现金流量表的方法主要有两种，分别是凭证指定法和 T 型账户指定法。下面我们来介绍详细的操作步骤。

（1）无论是凭证指定法还是 T 型账户指定法，首先需要做的都是新建报表方案。即：

①打开金蝶财务软件，进入会计之家主窗口。

②在会计之家主窗口中，选择"工具"菜单，然后点击"现金流量表"子菜单。

③进入"现金流量表系统"的空白窗口后，选择"系统"菜单，然后点击"报表方案"。

④在现金流量表方案管理窗口中，点击"新建"按钮，为不同时间段的现金流量表分别起个名字，例如 5 月现金流量表、2022 年现金流量表等。

（2）凭证指定法。

这一方法主要包括 4 个步骤，分别是定义现金科目、引入凭证、定义报表时间和定义 T 型账户。

①定义现金科目，是指定哪些科目是现金科目或现金等价物，以便将涉及现金科目的数据引入现金流量表，如企业的库存现金、银行存款、其他货币资金等。

②引入凭证，即将定义的现金类科目所涉及的凭证根据指定的日期范围全部引到 T 型账户中。

③定义报表时间，是确定现金流量表的时间范围，例如，A 公司需要

编制 2022 年的现金流量表，则确定时间范围为 2022 年 1 月 1 日至 2022 年 12 月 31 日。

④定义 T 型账户，是在 T 型账户中指定现金流量项目，系统会将所有涉及现金科目的凭证记录列出，自动生成现金流量表。通过鼠标双击的方式，逐层展开并逐条定义对应的现金流量项目。

（3）T 型账户指定法。

①定义现金科目：同凭证指定法。

②引入凭证：同凭证指定法。

③定义报表时间：同凭证指定法。

④定义 T 型账户：打开 T 型账户，系统已将涉及现金科目的凭证记录列出，例如，假设 A 公司在确定的报表方案完成上述操作后，系统自动将 A 公司所有涉及现金科目的凭证记录如下所示：

现金：期初余额 100000 元，期间收入 300000 元，期间支出 0 元，期末余额 400000 元。

银行存款：期初余额 0 元，期间收入 300000 元，期间支出 0 元，期末余额 300000 元。

双击相应的账户，将其指定为现金流量项目。在此案例中，我们将"现金"指定为经营活动现金流，"银行存款"指定为投资活动现金流。

⑤打开现金流量表，定义完 T 型账户后，系统会自动生成现金流量表。

定义完 T 型账户后，金蝶财务软件会自动生成现金流量表。A 公司的经营活动现金流量表如下：

现金及现金等价物净增加额：期初余额 100000 元 + 期间收入 300000 元 – 期间支出 0 元 =400000 元

投资活动现金流量表如下：

现金及现金等价物净增加额：期初余额 0 元 + 期间收入 300000 元 – 期间支出 0 元 =300000 元

通过以上步骤，A 公司成功地使用金蝶财务软件的 T 型账户指定法编制了 2022 年度的现金流量表。

从财务软件编制现金流量表的过程可以看出，在信息化时代，充分利用计算机和财务软件的功能编制现金流量表大大减少了工作量，速度快，效率高，编报及时准确，可以根据不同的时间段要求编制，极大地提高了现金流量表的真实性和准确性。

4.6　按每笔现金及银行存款项目汇总法

编制特点

除了前面所说的工作底稿法、T 型账户法、分析填列法、财务软件编制法 4 种现金流量表的编制方法，坊间其实还流传着一种不为人广泛知晓的方法，即按每笔现金及银行存款项目汇总法。

按每笔现金及银行存款项目汇总法可能是只有一些老会计师才懂的一种现金流量表的编制方法，理论上也是最为准确的方法。它是指在编制现金流量表时，将每笔现金收入和支出分别计入相应的现金流量项目，并对银行存款项目进行汇总的方法。这种编制方法在帮助企业详细反映自身现金流入和流出的情况的同时，还有助于财务人员、相关决策者分析和评估企业的经营状况、现金流量和财务风险。

这一方法的要点是按现金流量表项目设置一个大的多栏明细账。当发生每笔现金业务时，计入明细账对应的现金流量项目中，对于 Excel 应用比较熟练的人很喜欢采用这种方法。

按每笔现金及银行存款项目汇总法具有以下几个特点。

（1）全面性。

这种方法要求详细地列出各项现金流量，包括销售商品、提供劳务收到的现金、购买商品、接受劳务支付的现金、支付给职工以及为职工支付的现金等，对每笔现金收支业务进行详细分类和汇总，能够全面、准确地反映企业的现金流动情况。

（2）直接性。

按每笔现金及银行存款项目汇总，要求按照现金流动属性，将每笔涉及现金收支的业务直接归入经营、投资、筹资三部分的现金收支项目，避免了现金流量表中的现金流量项目之间相互抵销的问题，使得现金流量信息更加真实、明确。

（3）以间接法为补充。

该方法以直接法为主，间接法为辅。直接法是指将企业发生的每笔现金流入和流出逐一列出，真实反映企业实际的现金流量情况。而间接法则是以本期净利润为起算点，调整不涉及现金的收入、费用、营业外收支以及有关项目的增减变动，计算并列示经营活动的现金流量，帮助企业进一步了解现金流的来龙去脉。

按每笔现金及银行存款项目汇总法的具体流程

按每笔现金及银行存款项目汇总法具体操作步骤如下：

第一步，按照现金流量表的三大活动分类（经营活动、投资活动和筹资活动）汇总各项现金收入和支出。

第二步，对于每笔现金收入和支出，将其分别归入相应的现金流量项目，如销售商品、提供劳务收到的现金、购买商品、接受劳务支付的现金等。

第三步，对银行存款项目进行汇总，包括银行存款、现金等，可以采用以下公式计算：

①销售商品、提供劳务收到的现金：利润表中主营业务收入 ×（1+13%）+ 利润表中其他业务收入 + 应收票据期初余额 − 应收票据期末余

额＋应收账款期初余额－应收账款期末余额＋预收账款期末余额－预收账款期初余额－计提的应收账款坏账准备期末余额

②收到的税费返还：应收补贴款期初余额－应收补贴款期末余额＋补贴收入所得税本期贷方发生额＋累计数

③收到的其他与经营活动有关的现金：营业外收入相关明细本期贷方发生额＋其他业务收入相关明细本期贷方发生额＋其他应收款相关明细本期贷方发生额＋其他应付款相关明细本期贷方发生额＋银行存款利息收入

④购买商品、接受劳务支付的现金：利润表中主营业务成本＋存货期末余额－存货期初余额＋应付票据期初余额－应付票据期末余额＋应付账款期末余额－应付账款期初余额＋预收账款期初余额－预收账款期末余额

第四步，根据上述步骤计算出的各项现金流量，填写现金流量表。

我们以一个案例来说明按每笔现金及银行存款项目汇总法的具体操作情况。

假设某企业在一个会计期间内发生了以下现金收支事项：

销售商品收入：100000 元；

收到客户支付的预付款：50000 元；

收到应收账款：30000 元；

购买原材料：60000 元；

支付员工工资：40000 元；

支付税费：20000 元；

银行存款利息收入：10000 元。

根据上述步骤，我们可以按照每笔现金及银行存款项目汇总的编制方法编制现金流量表：

经营活动：

销售商品、提供劳务收到的现金：100000（销售商品收入）＋30000（收到应收账款）＋50000（收到预付款）＝180000（元）

购买商品、接受劳务支付的现金：60000（购买原材料）+ 40000（支付员工工资）= 100000（元）

净经营活动现金流量：180000 – 100000 = 80000（元）

投资活动：

购买原材料：60000 元

支付员工工资：40000 元

收到应收账款：30000 元

收到预付款：50000 元

银行存款利息收入：10000 元

净投资活动现金流量：60000 – 40000 + 30000 – 50000 + 10000 = 0 元

筹资活动：

支付税费：20000 元

净筹资活动现金流量：–20000 元

综合上述操作，我们可以生成该企业在一个会计期间内的现金流量表：

经营活动现金流量：80000 元

投资活动现金流量：0 元

筹资活动现金流量：–20000 元

总现金流量：80000 + 0 – 20000 = 60000（元）

4.7 各类编制方法比较

各类编制方法的优缺点

我们在本章第 1 节中讲述了列报经营活动现金流量的方法有两种，即直接法与间接法。

在直接法下，一般是以利润表中的营业收入为起算点，调节与经营活动有关项目的增减变动，然后计算出经营活动产生的现金流量，如工作底稿法、T型账户法、分析填列法和财务软件编制法就属于直接法。而在间接法下，将净利润调节为经营活动产生的现金流量，实际上就是将按权责发生制原则确定的净利润调整为现金净流入，并剔除投资活动和筹资活动对现金流的影响，如按每笔现金及银行存款项目汇总法是以直接法为基础，以间接法为补充的一种方法。

下面我们来讲讲5种方法的优缺点。

（1）工作底稿法。

工作底稿法在这5种方法中的优势是准确度高，能够详细记录现金流入、流出的过程和依据，灵活性高，与会计准则的要求契合度高，适用于审计和严格内控的环境。

缺点是对会计人员的素质要求比较高，要求编制调整分录的会计人员不但有较高的理论水平和实践能力，还必须熟悉全年的会计业务，并且准确掌握各科目的明细科目增减变动情况。工作底稿法对会计人员来说，前期学习难度较大，实际操作时的过程较为复杂，需要做的工作较多，容易忽视整体财务状况的把控，且错误的更正成本高。同时，由于编进流量表的编制在调整分录上彼此牵连，调整方式也多种多样，不利于编制人员的分工协作。

（2）T型账户法。

T型账户法的编制过程始终遵循资产负债表和利润表的平衡原则，优点是平衡性强，能大大降低编制报表时出现技术错误的可能性。

但它的缺点也很明显，一是工作量大、过程繁杂，底稿数据庞杂不易纠错，且财务人员疲于编制，这点和工作底稿法一样，容易忽视本该发现的问题；二是无论是资产负债表、利润表还是所有者权益表，反映的都是会计科目的净变化量，即使某项业务的发生导致会计科目的借、贷方发生了大额波动，只要净变化量小，据此编制的现金流量表就无法准确反映该笔交易的内容。比如，企业出现资金困难，大额借款到期，在同一会计期间内借入新债还旧债，以此方法编制的现金流量表就体现不出来，起不到提醒报表使用者关注的作用。

（3）分析填列法。

分析填列法需要对资产负债表、利润表和所有者权益表等报表进行分析，优点是将数据表格化、图形化等方式展现出来，能够较为准确地反映现金流入流出的实际情况，操作简单。同时，该方法适用于多数企业，尤其是利用财务软件可大幅提高效率，减轻人工工作负担。

但是，分析填列法也需要有一定的会计处理能力和专业知识，对于一些复杂的报表项目可能难以准确分析。

（4）财务软件编制法。

财务软件编制法是采用财务软件快速、准确地编制现金流量表，同时可以自动进行核对和平衡，大大提高了编制效率。但恰恰是因为需要使用专门的财务软件，对于软件工具依赖性较大，如果软件功能不强或操作不当，可能影响编制质量。一些不熟悉软件操作的人也需要经过一定的学习才能顺利开展现金流量表的编制工作。

（5）按每笔现金及银行存款项目汇总法。

按每笔现金及银行存款项目汇总法是通过对每一笔现金及银行存款项目的汇总，能够详细反映现金流入流出的具体情况，对于掌握企业的资金运作有一定的帮助。

但由于该方法需要逐笔汇总，对于一些大型企业来说工作量较大，同时对于一些复杂的现金流动可能难以全面覆盖。

财务软件法、按每笔现金及银行存款项目汇总法，两者的前提假设是同样的，都是对现金科目、银行存款科目的每笔收支指定相关的现金流量表科目，然后汇总的方式。区别在于财务软件是在录入会计凭证时，尤其是涉及现金科目或银行存款科目的每笔会计分录时，需要同时通过核算项目录入指定的现金流量表科目，然后由财务软件汇总而生成现金流量表。

有些人认为这个方法（财务软件法和按每笔现金及银行存款项目汇总法）是最准确的。但这种方法有很大的局限性，一是适用业务简单，企业财务人员才有可能使用，而审计人员就没有办法重新录一遍会计凭证。更重要的，这种方式近乎银行流水的概念，是总额的概念。但现金流量表对于一些往来科目，更多的是使用净额的概念，因此用这种方法编制出来的现金流量表，往往会出现个别科目的收入与支出金额特别大，与业务规模不匹配的情形，实务中经常出现"收到与其他经营活动相关的现金""支付与其他经营活动相关的现金"这两个科目金额很大的情况，需要通过合理调整后才能得到与实际经营情况相匹配的现金流量表。

因此，我们从各种编制方法的优缺点中可以看出，由于编制方式、编制工具等的不同，各种方法呈现出的不同的特色。我们在实际使用中，可以根据具体情况选择适宜的方法，同时也可以结合多种方法来提高编制现金流量表的效率和准确性。

各类编制方法适合的企业

工作底稿法、T型账户法、分析填列法、财务软件编制法和按每笔现金及银行存款项目汇总法，这5种现金流量表的编制方法在企业中的应用，主要取决于企业的规模、财务复杂程度、管理需求和使用的会计软件等因素。下面是我根据这5种方法各自的特点来适配的企业类型。

（1）工作底稿法。

这种方法适用于财务报表审计和大型企业，特别是那些需要详细分析和精确编制现金流量表的企业。工作底稿法适合有足够财务人员及时间进

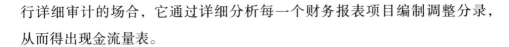

行详细审计的场合，它通过详细分析每一个财务报表项目编制调整分录，从而得出现金流量表。

（2）T型账户法。

T型账户法同样适用于财务审计和大型企业，它通过在T型账户中填写借贷发生额来编制现金流量表。这种方法清晰展示每一笔现金流量的来龙去脉，有助于财务人员深入理解财务状况，但同样要求有较为强大的财务处理能力。

（3）分析填列法。

分析填列法一般可以通过财务软件来实现自动编制现金流量表，适用于各种规模的企业，特别是对于那些财务人员资源有限，但需要编制准确现金流量表的企业，这种方法可以提高效率，减少编制错误。此方法在软件的预设和标注方面有不同的应用，可以根据企业的具体情况进行选择。

（4）财务软件编制法。

财务软件编制法也是利用财务软件自动编制现金流量表，适合各种规模的企业，尤其是那些使用现代信息技术支持财务管理的企业。使用财务软件可以提高编制效率，减少人为错误，并且便于管理和分析。

（5）按每笔现金及银行存款项目汇总法。

这种方法通常适用于现金流管理非常严格，需要对每笔现金收支进行详细跟踪和控制的企业，尤其是现金流量高度动态化的企业，比如金融服务业、零售业等。它要求企业有严格的现金管理流程和相应的财务记录系统。

每种方法都有其适用场景和优势，企业应根据自身的实际情况和需要选择最合适的方法。例如，对于内部控制要求高的企业，可能更倾向于使用工作底稿法或T型账户法；而对于追求效率和自动化程度高的企业，财务软件法可能是更优的选择。在选择编制方法时，企业还应考虑到编制成本、人员的会计知识水平以及报表的使用者需求等因素。

第5章
为什么要推广工作底稿法

5.1 准确记录数据的工作底稿法

用软件自动生成现金流量表的劣势

现在市面上能自动生成财务报表的软件，基本都能实现自动读取和处理企业财务数据，摆脱了手动输入和计算数据的步骤。这些软件不仅在数据处理上高效快捷，还能根据用户需求自定义报表模板和规则，生成个性化的财务报表，此外，在数据安全上也能通过信息技术防止数据丢失和泄露。

不过，虽然这些软件具有能帮助我们快速处理海量的财务数据，节约现金流量表的编制时间，提升工作效率，同时能将公司每笔款项进行指定分类，相对其他调整分录法、公式分析法等方法，在处理数据上更为精确等种种优点，但也有美中不足之处。

由于这些软件专业性强，门槛高，因此要求财务人员具有较强的会计业务处理能力。如果财务工作人员业务水平不高，缺乏对现金流量表编制原理的基本理解，在凭证填制指定分类项目时，容易归类不合理，或者无法解释异常数据，从而导致现金流量表编制不准确。

此外，现金流量表生成后，还需要财务人员对结果的合理性进行检查。如果在生成前的操作上出现一些纰漏，使得生成的结果问题频出，比如在编制现金流量表时，数据输入有误导致现金流量表不平，现金及现金等价物增加额与未受限的货币资金不勾稽，或者现金流量表的行次出现负数，主表与附表的数据不勾稽等，都需要我们及时发现并知道如何解决这些问题。一旦遇到生成的数据不准确的情况，这个查找差错的重任就落到了上一级总账的头上。如果总账也不懂编制原理，那差错就无法得到更正，编制出来的现金流量表就是错误的，编制工作也就失去意义了。

工作底稿法比分析填列法更靠谱的原因

为什么说工作底稿法比分析填列法更靠谱呢？这其实涉及现金流量表的编制、交付等更加底层的问题。

我国自1998年开始施行会计准则，同时出台了现金流量表。当时我还没有进入这个行业，只记得当时听会计从业人员及CPA讲课老师说，现金流量表的编制工作很难做，多数人不会编。

除了有这一层心理预设，还有我在入行后遇到的两件小事，使我更加认可工作底稿法的重要性。

第一件是进入事务所工作后，合伙人拿了一份现金流量表给我和另外一个同事校平[⊖]，看看哪里出了问题。当时我还处在刚接触和学习看底稿的阶段，对于现金流量表的编制方法还不熟悉，另一位同事也是一头雾水，不知所措。这可怎么办呢？

当时条件有限，我们只能自己去书店把现金流量表相关的书买回来自学。学习了大概一周，我对现金流量表的工作底稿法、T型账户法、分析填列法等编制方法了解得差不多了，就开始进入工作了。借助Excel表格，我将调整分录一笔笔过到工作底稿里（那时还不会sumif函数），编制了一个简单的底稿。对于需要校平的地方以及续表说明，也做了一个表格。通过这个底稿和表格，我总算完成了校对工作。

⊖　校平：即校对现金流量表的主表与附表是否平衡。

这次校平经历，让我总结了一份工作底稿和表格的模板，这份模板在此之后经过调整，一直沿用至今。

第二件事情是，同事给一家香港上市公司在深圳的子公司编制的现金流量表被客户企业退了回来，理由是这份现金流量表错得离谱，客户企业还说："不知道这个现金流量表是怎么编制的，希望看到现金流量表的底稿。"于是，这位同事找我帮忙，我借助之前做好的工作底稿模板，花了近一个星期，终于把这份现金流量表编平，并获得客户企业的认可。

这两件事情充分说明，工作底稿法是具有非常大的实用价值的。在编制方面，工作底稿法可以帮助财务人员更有条理地编制现金流量表，把现金流量表编制更加准确、靠谱，同时在编制完成后，如果发现问题，也更便于定位问题所在。在交付上，很多客户对工作底稿的认可度很高，他们希望现金流量表的编制在"有理有据"的情况下进行。通过这两件事情，我认识到了工作底稿法对于编制现金流量表的重要性。

从那时起，我一直坚持使用工作底稿法，后来把这套方法掌握得越来越熟练，越来越通透。在多年的工作中，我也看到很多财务人员其实不懂工作底稿法，一些人会觉得学习困难且效率低下，或者太麻烦，不愿意使用这种方法。如果碰到不平的地方就用分析填列法，按各项目直接分析填列，如"销售商品、提供劳务收到的现金"包括哪些内容，计算后直接填入表中。

由于分析填列法比较简单，被广泛使用，中级职称考试主要也是计算某项目的现金流量。在公司业务简单、做账规范、现金流量比较好理解的时候，容易编得较符合实际。分析填列法通常是在现金流量表的主表、附表的平衡关系不易编平时，往往在某一项目中轧平，分析填列法因此也被称为"倒轧法"。

这样刻意去轧平，而不是静下心来学习工作底稿法的后果，就是工作多年之后，他们遇到现金流量表不平的情况，依然只会用老方法去轧平。

工作底稿法的其他优点

工作底稿法除了在编制和交付上有着明显的优势外，还有如下几个优点。

工作底稿法本身是一种具有较强逻辑性的编制方法，它通过构建完整的企业财务报表体系，能够清晰地反映企业的财务状况和经营成果。

在数据核查上，由于工作底稿记录了审计人员对企业财务数据的收集、分析和管理过程，是审计人员在执行审计任务过程中，对审计证据、审计程序和审计结论的记录，因而有利于审计人员对企业财务数据的核查，便于发现问题。

在企业内部管理和决策方面，工作底稿法通过对财务数据进行详细的收集、整理和分析，有助于发现并纠正财务报表中的错误和偏差，确保财务数据的准确性，也有助于企业内部管理者和决策者基于准确的财务数据进行决策，提高决策效率和效果。

工作底稿法的缺点主要表现在两个方面：一是编制工作量较大，对财务人员的专业素质要求较高；二是在报表编制过程中，容易受到人为因素的影响，导致数据失真。

然而，工作底稿法也存在一定的缺点。从前面的靠谱原因分析中，我们可以隐约看到，工作底稿法存在工作量大、过程烦琐、底稿数据庞杂等问题。不过，这些问题恰恰是维持工作底稿法编制的现金流量表准确、全面的重要保证。

5.2 工作底稿法流程详解

在企业运营过程中，现金流量表作为反映企业现金收支状况的重要财务报表，对于企业管理者、投资者和其他利益相关者来说具有重要的参考价值。然而，现金流量表的编制过程较为复杂，需要对各项财务数据进行分析和调整。为此，工作底稿法应运而生。

工作底稿法的5大步骤

工作底稿法的编制过程可以分为5个步骤。

（1）编制过渡表以及资产负债表、利润表。

将资产负债表的期初数和期末数过入工作底稿的期初数栏和期末数栏，形成过渡表（过渡表的作用就是清晰表达期初期末数差异，即现金流量可能导致的差异）。这一步确立了工作底稿的基础数据。

比如，假设一家公司名为ABC公司，其资产负债表、利润表和所有者权益表如表5-1、表5-2、表5-3所示：

表5-1 资产负债表（单位：万元）

项目	期初数	期末数
货币资金	100	200
应收账款	50	60
存货	30	40
长期资产	100	120
总资产	280	300

表5-2 利润表（单位：万元）

项目	本期金额
销售收入	150
销售成本	80
管理费用	20
财务费用	10
利润总额	40
所得税	10
净利润	30

表 5-3　所有者权益表（单位：万元）

项目	本期金额
股本	100
未分配利润	20
本期净利润	30

（2）对当期业务进行分析并编制调整分录。

对当期业务进行分析并编制调整分录。这一步中，需要以利润表项目为基础，结合资产负债表项目逐一进行分析。调整分录分为以下几类：将权责发生制下的收入和费用转换成现金基础；涉及资产负债表和现金流量表中的投资、筹资项目，反映投资和筹资活动的现金流量；将利润表中有关投资和筹资方面的收入和费用列入现金流量表投资、筹资现金流量中去。

比如，我们再对上面的案例的当期业务进行分析并编制调整分录。

①将权责发生制下的收入和费用转换成现金基础：

销售收入：150 万元（本期已收），销售成本：80 万元（本期已付）

②涉及资产负债表和现金流量表中的投资、筹资项目：

长期资产：增加 20 万元（购建固定资产）

③将利润表中有关投资和筹资方面的收入和费用列入现金流量表投资、筹资现金流量中去：

净利润：30 万元（净利润不含现金）

（3）将调整分录过入工作底稿中的相应部分。

每当完成一笔调整分录，就要将其过入工作底稿，而不是等待所有调整分录完成后再过入。

（4）核对调整分录，即核对工作底稿发生数和余额数。

这一步主要是确保资产负债表项目期初数加减调整分录中的借贷金额后等于期末数，利润表项目加减调整分录中的借贷金额后等于本期数，以及调整分录借方和贷方合计数相等。

（5）计算现金流量表项目并填列正表。

计算工作底稿中现金流量表项目，并据此填列正式的现金流量表。

根据以上步骤，我们根据案例中的数据编制现金流量表，如表5-4所示：

表5-4 现金流量表（单位：万元）

项目	本期金额
经营活动现金流量	70
投资活动现金流量	-20
筹资活动现金流量	10
期初现金及现金等价物	100
期末现金及现金等价物	200

财务人员在使用工作底稿法编制现金流量表时，通过这5大步骤，可以全面、深入地了解企业的财务状况和内部控制制度，确保财务报表的真实性、准确性和完整性，为企业提供可靠的决策依据。同时，通过审计过程的规范化，工作底稿法还有助于提高审计质量和效率。

如何做分录调整

工作底稿法作为一种审计方法，用于对企业的财务报表进行编制。在编制过程中，财务人员需要对财务报表中的各项数据进行核实和调整，以确保财务报表的真实性、准确性和完整性，即做好分录调整的工作。

分录调整主要涉及以下几个方面。

（1）分析调整产品销售收入。

首先假设本期产品销售收入均为现金收入，即"销售商品收到的现金"，然后再结合资产负债表中的应收账款、应收票据项目进行调整。

调整分录如下：

借：销售商品收到的现金

　　贷：产品销售收入

以一个案例来进行说明，即：

假设 A 公司在 2023 年度发生了以下业务：

1 月 1 日，A 公司销售产品 100 件，售价每件 100 元，共计收入 10000 元，全部款项尚未收到。

1 月 15 日，A 公司购买原材料一批，用于生产产品，支付货款 5000 元。

2 月 15 日，A 公司收到 1 月销售产品的 10000 元款项。

3 月 1 日，A 公司生产完成产品 150 件，销售 100 件，售价每件 120 元，共计收入 12000 元，全部款项已收到。

4 月 15 日，A 公司支付 1 月份应付工资 2000 元。

5 月 1 日，A 公司收到 3 月份销售产品的 12000 元款项。

6 月 15 日，A 公司支付 4 月份应付工资 2000 元。

7 月 1 日，A 公司生产完成产品 100 件，销售 80 件，售价每件 130 元，共计收入 10400 元，全部款项已收到。

8 月 15 日，A 公司支付 3 月份应付工资 2000 元。

根据 A 公司 2023 年的业务情况，我们对调整产品销售收入进行分析：由于 1 月销售产品的 10000 元款项在 2 月 15 日收到，因此需要将这部分收入计入 2 月份。

调整分录如下：

借：应收账款（10000 元）

　　贷：产品销售收入（10000 元）

由于 3 月份销售产品的 12000 元款项在 5 月 1 日收到，因此需要将这部分收入计入 5 月份。

调整分录如下：

借：应收账款（12000元）

　　贷：产品销售收入（12000元）

（2）分析调整产品销售成本。

先假设本期产品销售成本均为现金支付，即"购买商品支付的现金"，然后再结合资产负债表中的应付账款、应付票据、应付工资、存货、累计折旧、待摊费用、预提费用等项目逐一进行调整。

调整分录如下：

借：产品销售成本

　　贷：购买商品支付的现金

我们再对A公司进行调整产品销售成本的分析：首先计算1~4月份的产品销售成本。假设1月份销售成本为3000元，2月份销售成本为4000元，3月份销售成本为5000元，4月份销售成本为6000元。由于1月份成本尚未支付，不需要调整；2~4月份成本均已支付，无须调整。

其次，由于3月份销售产品的12000元款项在5月1日收到，因此需要将这部分收入计入5月份。调整分录如下：

借：应收账款（12000元）

　　贷：产品销售收入（12000元）

再次是计算5~8月份的产品销售成本。假设5月份销售成本为3500元，6月份销售成本为4500元，7月份销售成本为5500元，8月份销售成本为6500元。由于5~8月份成本均已支付，无须调整。

（3）分析调整营业费用。

先假设本期产品销售发生的营业费用均为现金支付，即"支付的其他与经营活动有关的现金"，然后再结合资产负债表中应付工资、累计折旧、待摊费用、预提费用等项目逐一进行调整。

调整分录如下：

借：产品销售费用

　　贷：支付的其他与经营活动有关的现金

A 公司的调整营业费用分析。假设 1~4 月份的营业费用分别为：1 月份 500 元，2 月份 600 元，3 月份 700 元，4 月份 800 元。由于这些费用均已支付，无须调整。

假设 5~8 月份的营业费用分别为：5 月份 600 元，6 月份 700 元，7 月份 800 元，8 月份 900 元。这些费用均已支付，无须调整。

（4）分析调整主营业务税金及附加。

先假设本期发生的产品销售税金及附加均已实际支付，即"支付的各项税费"，然后再结合资产负债表中的应交税金——应交营业税、应交税金——应交城市建设维护税、其他应交款等项目进行调整。

调整分录如下：

借：主营业务税金及附加

　　贷：支付的各项税费

我们接着对 A 公司调整主营业务税金及附加进行分析。假设 1~4 月份的主营业务税金及附加分别为：1 月份 100 元，2 月份 120 元，3 月份 140 元，4 月份 160 元。这些税金及附加均已实际支付，无须调整。

接下来，继续调整 5~8 月份的业务。假设 5~8 月份的主营业务税金及附加分别为：5 月份 150 元，6 月份 180 元，7 月份 210 元，8 月份 240 元。这些税金及附加均已实际支付，无须调整。

以上调整可以更准确地反映 A 公司 2021 年度的财务状况。除了上述调整，还需要根据具体情况进行其他相关项目的调整，如应收账款、应付账款、长期股权投资、固定资产、无形资产等。

5.3 工作底稿附表的编制

工作底稿附表的编制说明

在正式使用工作底稿法开展现金流量表附表的编制工作时，还应该对工作底稿附表进行相应的编制说明。

工作底稿附表的编制说明应包括以下几个方面：

（1）编制目的。

说明编制工作底稿附表的目的，以便于审计师、管理层和其他相关人员了解和分析被审计单位的经济业务和财务状况。

（2）编制依据。

阐述工作底稿附表的编制依据，包括相关法律法规、会计准则、审计规范等。

（3）编制范围。

描述工作底稿附表所涵盖的时间范围、业务范围和账户范围，以及未涵盖的部分。

（4）编制方法。

介绍工作底稿附表的编制方法，如手工计算、电子表格处理等，并说明如何处理数据核对、调整和汇总。

（5）数据来源。

说明工作底稿附表的数据来源，包括原始凭证、会计账簿、财务报表等，并说明数据的真实性、完整性和准确性。

（6）重要事项说明。

对工作底稿附表中涉及的重要事项进行解释和说明，如重大交易、异常波动、会计政策变更等。

（7）审计程序与意见。

描述审计师执行的审计程序，包括审计范围、审计方法、审计证据等，并陈述审计意见。

（8）工作底稿附表的使用说明。

说明工作底稿附表在审计报告、管理决策和其他相关事项中的应用，以及如何解释和分析表格中的数据。

（9）编制者与复核者。

注明工作底稿附表的编制者和复核者姓名、职务、联系方式等，以及编制和复核的日期。

（10）其他应说明事项。

如有特殊说明或注意事项，可在最后一行补充说明。

总体上来说，工作底稿附表的编制说明应清晰、详细地阐述编制目的、依据、范围、方法等，以便于审计师和管理层正确理解和使用工作底稿附表。

现金流量表附表的取数逻辑

在编制现金流量表时，为了准确地反映企业的现金流动状况，需要将涉及现金的科目的发生额进行汇总和分类，再从各种会计科目中提取涉及现金的金额，以便将这些金额按照一定的分类和规则汇总到现金流量表中，这个过程被称为"取数逻辑"。

那么，应该如何来对现金流量附表的报表项目进行分类呢？如表5-5所示。

表5-5　现金流量表附表的取数逻辑

项目	分类
将净利润调节为经营活动现金流量	
净利润	净利润

（续）

项目	分类
加：资产减值准备	已确认经营损益，但未实际收付现金的项目
信用减值准备	
固定资产折旧、投资性房地产折旧、油气资产折旧、生产性生物资产折旧	
无形资产摊销	
长期待摊费用摊销	
处置固定资产、无形资产及其他长期资产的损失（收益以"–"号填列）	不属于经营活动的投资、筹资活动的损益
固定资产报废损失（收益以"–"号填列）	
公允价值变动损失（收益以"–"号填列）	
财务费用（收益以"–"号填列）	
投资损失（收益以"–"号填列）	
递延所得税负债减少（增加以"–"号填列）	已确认经营损益，但未实际收付现金的项目
递延所得税负债增加（减少以"–"号填列）	
存货的减少（增加以"–"号填列）	
经营性应收项目的减少（增加以"–"号填列）	实际收付现金，但未确认经营性损益的项目
经营性应收项目的增加（减少以"–"号填列）	
其他	
经营活动产生的现金流量净额	

（1）首先是净利润，在分类中仍归属于净利润。

（2）其次是资产减值准备、信用减值准备、固定资产折旧、投资性房地产累计折旧、油气资产折旧、生产性生物资产折旧、无形资产摊销、长期待摊费用摊销。

这些属于已确认经营损益，但实际没有收付现金的项目。这类业务减少了企业净利润，但不涉及现金流，所以在现金流量附表中需要进行调增。净利润调减，通过负数表示，而不影响经营活动的现金流，即经营活动现金流为0。

（3）固定资产报废、处置固定资产、无形资产和其他长期资产、公允价值变动损益、财务费用、投资损失。

这些不属于经营活动的投资、筹资活动的损益。如果增加了净利润，则需要调减；如果减少了净利润，则需要调增。比如，资产处置收益是贷方数，则表示增加了企业净利润，则现金流量附表则需要减少。

（4）递延所得税资产的减少、递延所得税负债的增加、存货的减少。

这些属于影响了经营损益，但实际未收付现金的项目。其中：

递延所得税资产的减少＝期初递延所得税资产－期末递延所得税资产

递延所得税负债的增加＝期末递延所得税负债－期初递延所得税负债

经营性应付项目的增加（减：减少）＝（应付账款期末数－应付账款期初数）＋（预收账款期末数－预收账款期初数）＋（应付票据期末数－应付票据期初数）＋（应付职工薪酬期末数－应付职工薪酬期初数）＋（专项应付款期末数－专项应付款期初数）＋（应交税费期末数－应交税费期初数）＋（其他应付款期末数－其他应付款期初数）＋（其他流动负债期末数－其他流动负债期初数）＋（递延收益期末数－递延收益期初数）＋（预计负债期末数－预计负债期初数）

存货的减少（减：增加）＝期初存货价值－期末存货价值－本期计提的存货跌价准备＝期初存货账面原值－期末存货账面原值＋期末存货跌价准备－期初存货跌价准备－本期计提的存货跌价准备

（5）经营性应收项目、经营性应付项目。

这些属于实际收付了现金，但实际未确认经营损益的项目。其中：经营性应收项目的减少（减：增加）＝（应收账款期初数－应收账款期末数）＋（应收票据期初数－应收票据期末数）＋（预付账款期初数－预付账款期末数）＋（其他应收款期初数－其他应收款期末数）＋（其他流动资产期初数－其他流动资产期末数）－坏账准备期末余额

净利润经过上述调整后，最终得出经营活动产生的现金流量净额。

找平主表和附表的不平衡关系

很多人在结束现金流量表的编制工作后，发现主表和附表存在不平衡的现象，造成编不平衡的原因是多种多样的，如果不知道具体问题出在哪里，很难对编制工作进行回溯，快速找出并解决问题。

一般情况下，现金流量表出现主附表不平衡，主要原因有以下几点。

（1）数据录入和计算错误。

在编制现金流量表的过程中，如果数据录入或计算出现错误，可能导致主表和附表的不平衡关系。例如，项目金额录入错误、分类错误等。

（2）项目对应关系不一致。

主表和附表中的项目可能存在对应关系不一致的情况。例如，经营活动、投资活动和筹资活动的项目在主表和附表中可能存在差异。

（3）补充资料不一致。

现金流量表的补充资料是用于补充主表中未详细列出的现金流量项目。如果补充资料中的数据与主表数据不一致，可能导致主表和附表的不平衡关系。

（4）汇率变动影响。

对于涉及外币业务的企业，汇率变动可能对现金流量表产生影响。主表和附表在计算外币业务现金流量时，可能存在差异。

（5）编制过程中可能存在的错误。

在编制现金流量表过程中，可能存在对某些项目处理不当或遗漏的情况，导致主表和附表的不平衡关系。

要解决主表和附表的不平衡关系问题，需要对以上原因进行逐一排查，确保数据准确、编制方法正确，并对存在差异的项目进行调整。同时，加强对现金流量表编制过程的审核和监督，以降低错误发生的风险。可以采

取以下措施来解决这个问题。

（1）检查数据准确性。

首先，检查现金流量表主表和附表的数据是否准确，确保数据的录入和计算没有错误。

（2）核对计算方法。

主表和附表的计算方法是否一致。主表采用直接法编制，反映企业现金及现金等价物的流入和流出；附表采用间接法编制，以净利润为起点，对影响利润但不产生现金流量变动的损益数据进行调整，倒推经营现金流量情况。确保两种计算方法的准确性。

（3）分析差异原因。

分析主表和附表之间存在差异的原因。差异可能是由于某些项目在主表和附表中的处理方法不同，或者由于数据录入错误导致的。

（4）核实项目对应关系。

检查主表和附表中的项目是否正确对应。例如，确保经营活动、投资活动和筹资活动的项目在主表和附表中一致。

（5）对比期初和期末余额。

对比资产负债表、利润表和现金流量表的期初和期末余额，检查是否存在异常。如发现异常，需进一步核实数据来源和计算过程。

（6）查阅补充资料。

查阅现金流量表的补充资料，分析其中可能影响现金流量表的项目。如其他应收款、其他应付款等业务，虽然不涉及现金，但可能会影响现金流量表的附表。

（7）检查增值税处理。

确保现金流量表的主表中反映了增值税的进出。增值税不影响损益，但会影响现金流量表的补充资料。

（8）调整和修复。

根据分析结果对现金流量表主表和附表进行调整和修复，使它们达到平衡。

（9）核对平衡。

完成调整后，再次核对现金流量表主表和附表的数据，确保它们已经平衡。

通过以上步骤，可以找到并解决现金流量表主表和附表之间的不平衡关系。如果仍然存在问题，可能就需要重新审查整个现金流量表的编制过程，查找可能存在的错误。

第三部分
从现金流分析企业经营

现金流不仅是企业财务状况的重要反映，更是企业经营决策的重要依据。本部分将从现金流的角度分析企业经营，教您如何通过分析现金流来评估企业的健康状况，发现潜在风险，并通过优化现金流来解决企业经营问题。我们还将探讨如何从现金流的角度规划企业的经营战略，为企业的长远发展提供有力支持。通过学习，您将能够运用现金流分析技巧，为企业创造更大的价值。

第6章
如何分析企业现金流

6.1　质量分析：从现金流看企业发展的健康程度

现金流是企业运营的生命线，是企业运营过程中资金收支的体现，关系到企业能否正常开展经营活动。如果企业现金流出现困难，可能会导致无法支付货款、员工工资、税费等，进而影响企业的正常运营。为了规避这种情况，需要专业人员对企业的现金流进行质量分析，帮助企业及时把握自身现金流的健康程度。

一般来说，经营活动现金流的质量分析包括真实性、充足性、稳定性3个方面，下面我们逐一进行分析。

企业现金流的真实性

经营活动现金流净额是企业日常经营活动产生的现金流入与流出之间的差额，能够反映出企业盈利的能力和质量。真实的经营活动现金流能够体现企业实际赚取现金的能力，有助于判断企业盈利的可靠性。通过分析企业经营活动的现金流，可以了解企业偿还债务的能力，避免企业因无法偿还债务而引发财务风险；帮助投资者了解企业的盈利能力和现金流动情况，从而做出更明智的投资决策；有助于发现企业潜在的财务风险，比如资金链断裂、偿债风险等，从而及时采取措施予以化解。

那么，我们应该如何正确分析企业现金流的真实性呢？主要可以通过下面几个步骤来实现。

（1）审查现金流量表。

现金流量表是以收付实现制为基础编制的，即记录的是实际发生的现金收支情况。我们在分析企业现金流真实性的时候，首先需要对企业现金流量表进行审查，确认所有现金收支项目是否真实发生，是否存在虚构交易或提前确认收入等行为，还需要与利润表和资产负债表进行比较，以判断现金流量是否合理并与企业盈利能力相符。

（2）销售收入和回款分析。

销售收入分析包括金额分析、趋势分析、产品分析、地区分析等，回款分析包括回款率分析、回款周期分析、应收账款分析、账龄分析等。分析企业的销售收入是否稳定增长，与收到的现金流量是否匹配，能够了解企业的产品销售情况和回款速度。

（3）投资收益分析。

投资收益分析一般包括投资收益的金额和比例、投资收益的来源、投资收益的周期性、投资收益的风险、投资收益的长期趋势以及投资收益与资本成本的比较等。通过投资收益分析，企业可以更好地了解自身的投资效益，优化投资策略，提高盈利能力，降低风险。同时，这也有助于投资者、债权人等利益相关者更好地评估企业的信用和投资价值。

（4）支付和盈利对比。

对企业现金流进行支付和盈利的对比分析，主要是通过现金流量表中的相关数据来进行。在现金流量表中，经营活动现金流量净额能够体现出企业的经营活动是否能够带来正的现金流量，以及企业的盈利能力是否能够转化为实际的现金流入。

如果经营活动现金流量净额为正，说明企业日常经营活动产生的现金流入超过了现金流出，表明企业具有较强的现金获取能力，即盈利能力较好地转化为了现金流。反之，如果经营活动现金流量净额为负，则说明企业的现金流出超过了现金流入，可能存在一些影响现金流的问题，比如大量的存货积压或者应收账款回收不及时。

此外，现金流量表中还会详细列出投资活动、筹资活动和其他财务活动的现金流量。投资活动通常涉及购买或出售长期资产、收回投资收到的现金等，筹资活动则涉及吸收投资、取得借款、偿还债务等，这些活动对企业的现金流也有重大影响。

在进行支付和盈利的对比时，企业还需要关注净利润这一指标。净利润是企业在一个会计期间内经过计算的盈利，是衡量企业经营成果的一个重要指标。如果企业的经营活动现金流量净额与净利润两者都为正，且比值大于1，通常表明企业创造的净利润能够全部以现金形式实现，企业的现金流状况良好。

通过对支付和盈利对比的分析，企业可以了解自己的现金流入和流出情况，评估支付和盈利的能力，及时调整经营策略，确保企业的健康稳定发展。同时，合理的财务规划和管理也能够帮助企业提高现金流，优化资金使用效率，增强企业的市场竞争力。

（5）股息和利息收入分析。

对企业现金流进行股息和利息收入分析，主要是为了了解企业的现金流入情况，并进一步评估其财务状况和现金流管理能力。股息和利息收入是企业现金流入的两个重要部分，通常来源于企业的投资活动。一般来说，股息和利息收入分析是一个包括收集数据、确定来源、时间序列分析、评估稳定性、与行业比较、风险因素分析、预测未来现金流等要素在内的综合评估过程。

（6）风险管理。

评估企业的现金流是否存在高风险，比如高度依赖单一客户或供应商，或者在市场波动大时是否有足够的现金流应对。

（7）审计和第三方评估。

可以考虑引入独立第三方进行现金流审计或评估，以获得客观的现金流分析。

（8）合规性检查。

确保企业的现金流动符合相关的财务报告和税务法规要求，避免任何可能的非法或不合规操作。

由收入与支出查看企业现金流的充足性

企业现金流的充足性是企业健康运营的关键指标之一。充足的现金流能够确保企业具备良好的偿债能力，满足经营所需，并应对市场变化和突发情况。我们可以通过下面几个方法来判断企业现金流的充足性。

（1）现金流比率分析。

现金流比率（Cash Flow Ratio）是指企业经营活动现金流入与现金流出的比率。当这个比率大于1时，通常意味着企业的经营活动产生的现金流量是正的，即现金流入超过了现金流出，表明现金流是充足的。

（2）流动比率分析。

流动比率（Current Ratio）是指企业流动资产与流动负债的比率。这个比率越高，说明企业短期偿债能力越强，即使面临一定的债务到期压力，也有足够的流动资产（如现金、应收账款等）来覆盖，从而保证现金流的稳定。

（3）现金流量表分析。

现金流量表反映了企业一定时期内现金流入和流出的具体情况。通过分析现金流量表中的经营活动、投资活动和筹资活动，可以详细了解企业现金的来源和去向，进而评估现金流是否充足。

（4）应收账款和存货管理。

应收账款（Accounts Receivable）和存货的变动会影响企业的现金流。如果应收账款数额过大，可能意味着企业的收款能力较弱，现金流受到限制；如果存货增加，则可能意味着企业生产或库存管理存在问题，也可能导致现金流紧张。

（5）债务结构和偿债能力分析。

企业的债务结构（Debt Structure）及其偿债能力也是判断现金流充足性的重要因素。如果企业有大量短期债务，而现金不足以偿还，则可能出现现金流危机。

（6）资金筹集能力分析。

企业能否在需要时筹集到资金，也是评估现金流充足性的一个方面。这包括分析企业的信用状况和筹资环境，以确定企业在必要时能否获得足够的现金流。

（7）盈利能力分析。

从企业现金流的收入与支出角度进行盈利能力分析，主要关注现金流入和现金流出、现金流量比率、净利润、净利润现金流比率、投资回报率等5个方面。比如，现金流量比率反映了企业现金流的情况，可以帮助我们了解企业是否能够维持正常的运营，当现金流量比率大于1，表示企业的现金流入大于现金流出，说明企业有较好的盈利能力；净利润越高，则说明企业的盈利能力越强。

企业业务结构与现金稳定性

业务结构（Business Structure）在一定程度上决定了企业的盈利能力和现金流量。稳定的业务结构可以保证企业有一定的盈利空间，从而产生稳定的现金流入。比如，一个企业如果拥有稳定的销售渠道、客户基础和市场份额，那么它的经营活动现金流量通常会更加稳定；而如果企业业务结构单一，则容易受到市场波动的影响，使企业的现金流变得不稳定。因此，通过对企业业务结构的分析，能帮助企业分散风险，增强抗风险能力。

现金稳定性（Cash Stability）是指企业经营活动现金流量在一定时期内的波动程度。稳定的现金流量可以帮助企业应对市场变化，保持正常的运营。现金稳定性可以通过观察企业经营活动现金流量的历史数据，分析其波动情况来衡量。

通过分析企业的业务结构和现金稳定性，可以帮助企业优化业务流程和业务结构，提高生产效率和产品质量，增强市场竞争力，从而确保现金流的持续性和稳定性。为此，我们可以通过下面几个步骤来对企业业务结构与现金稳定性进行分析。

（1）评估业务结构。

业务收入来源分析。即考察企业收入的多样性，考察企业收入是否依赖单一客户或市场，以及是否有季节性波动。比如，家电企业的销量存在一定季节性波动，一般第四季度是销售高峰期。

评估业务结构包括利润来源分析、资产结构分析和成本结构分析。利润来源分析即分析企业利润的构成，特别是利润与主营业务的关系；资产结构分析即评估企业的资产分布，包括固定资产和流动资产的比例，以及这些资产的盈利能力；成本结构分析即分析企业的成本构成，特别是固定成本和变动成本的比例，以及成本控制的效率。

（2）现金流量分析。

现金流量分析的内容一般是指对经营活动现金流量、投资活动现金流量和筹资活动现金流量进行分析。

经营活动现金流量，即通过现金流量表分析企业经营活动产生的现金流量，评估其稳定性；投资活动现金流量，即分析企业的投资策略和投资回报，特别是长期资产的购置和处置对现金流的影响；筹资活动现金流量，

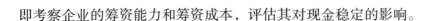

即考察企业的筹资能力和筹资成本，评估其对现金稳定的影响。

（3）债务风险评估。

债务风险评估包括两个方面的内容，即债务负担分析和偿债能力分析。债务负担分析是评估企业的债务水平，确定其是否处于可控的范围内；偿债能力分析是通过分析企业的现金偿债能力，确定其及时偿还债务的能力。

（4）财务指标分析。

财务指标分析包括债务与资产比例、流动性比率和现金比率3个方面。债务与资产比例，即分析企业的资产负债率，评估其财务杠杆效应；流动性比率，即通过分析企业的流动比率，评估其短期偿债能力；现金比率是确定企业现金及其等价物的充足程度。

通过以上分析，企业可以及时发现潜在的财务风险，并采取相应的措施优化业务结构和现金流管理，确保企业的健康稳定发展。

6.2 比率分析：全面揭示企业的经营水平

在企业现金流量分析中，比率分析是一种通过计算和比较各种现金流量指标来评估企业的财务状况和经营绩效的方法。比率分析可以帮助投资者、管理层和债权人更好地了解企业的现金流量情况，从而做出更为明智的决策。

债偿能力与债务指标

企业的偿债能力是指企业在特定时间内使用其资产（包括现金、流动资产和固定资产）来偿还到期债务的能力，包括偿还短期债务（如应付账款、短期借款等）和长期债务（如长期贷款、债券等）。企业的偿债能力是衡量企业财务健康和信用风险的重要指标，它反映了企业在面对债务到期时能否按时履行还款义务。

偿债能力的强弱直接影响企业的信誉、借贷成本和融资能力。偿债能力强的企业通常能够获得更好的贷款条件，而偿债能力弱的企业则可能面临更高的借贷成本和更严格的贷款条件。在极端情况下，偿债能力不足可能导致企业破产或被迫进行债务重组。

评估企业偿债能力时，通常会考虑多个财务指标，如流动比率、资产负债率、速动比率、债务比率、利息保障倍数、负债权益比率、逾期债务率等，这些指标可以帮助分析企业的财务状况和偿债能力。

债务指标是用来衡量一个实体（如个人、企业或政府）负债水平、负债结构和偿还债务能力的财务比率。这些指标可以帮助投资者、债权人、管理层和其他利益相关者评估债务风险和财务健康状况。以下是一些常见的债务指标。

（1）流动比率。

流动比率（Current Ratio）是衡量企业流动资产与流动负债的比例，用于评估企业短期内偿还债务的能力。

流动比率的计算公式是：

$$流动比率 = \frac{流动资产合计}{流动负债合计} \times 100\%$$

一般情况下，该指标越大，表明公司的短期偿债能力强。通常，该指标在200%左右较好。比如，1998年沪深两市的流动比率平均值为200.20%。

在运用该指标分析公司短期偿债能力时，还应结合存货的规模大小、周转速度、变现能力和变现价值等指标进行综合分析。如果某一公司虽然流动比率很高，但其存货规模大，周转速度慢，有可能造成存货变现能力弱，变现价值低，那么，该公司的实际短期偿债能力就要比指标反映的弱。

比如，假设 A 公司是一家制造企业，其财务数据如下：

流动资产：1200000 元

流动负债：400000 元

销售成本：800000 元

期初存货余额：100000 元

期末存货余额：120000 元

首先，我们计算流动比率：

流动比率 =1200000 ÷ 400000 × 100% = 300%

这意味着 A 公司的流动资产是流动负债的 3 倍。流动比率大于 2，表明该公司的流动资产足以覆盖其流动负债，具有较强的流动性。这意味着公司在短期内有能力偿还债务，不会面临流动性风险。然而，流动比率并不是越高越好。过高的流动比率可能意味着资金使用效率不高，部分流动资产可能没有得到有效的利用。

接下来，我们计算存货的增减量：

存货增减量 = 期末存货余额 − 期初存货余额

存货增减量 =120000 − 100000

=20000（元）

然后，我们计算存货周转率：

$$存货周转率 = \frac{主营业务成本\ ^{\ominus}}{平均存货余额} \times 100\%$$

存货周转率 = 800000 ÷（100000 + 120000）÷ 2

= 800000 ÷ 110000

≈ 7.27

这意味着在一年内，A 公司的存货大约被周转了 7.27 次。

⊖ 主营业务成本，指企业销售商品、提供劳务等经营性活动所发生的成本。

现在，我们来计算存货期末余额：

存货期末余额 = 期初存货余额 + 存货增减量

存货期末余额 = 100000 + 20000

= 120000（元）

所以，A 公司的存货期末余额是 120000 元，而存货周转率大约是 7.27 次。

根据计算结果，我们可以评估 A 公司的存货周转速度和变现能力：

存货周转速度是指企业在一定时期内存货被销售和补充的速度。存货周转率越高，通常意味着存货周转速度越快，这是企业运营效率高的一个迹象。A 公司存货周转率为 7.27 次，这意味着该公司存货周转速度较快。存货能够迅速转化为销售成本，表明公司的存货管理效率较高。

变现能力是指企业将资产转换为现金的能力。存货周转速度快，通常意味着存货能够迅速转化为现金，这有助于提高公司的变现能力。因此，A 公司的变现能力在这种情况下看起来是较强的。存货能够快速转化为现金，有助于 A 公司在短期内偿还流动负债和应对经营需求。

（2）资产负债率。

资产负债率（Debt-to-Asset Ratio）是企业总负债与总资产的比例，反映企业资产中有多少是通过负债融资的。

资产负债率的计算公式是：

$$资产负债率 = \frac{负债总额}{资产总额} \times 100\%$$

其中负债总额是企业所有负债的总和，包括短期负债和长期负债；资产总额是企业所有资产的总和，包括流动资产和非流动资产。

资产负债率可以用来评估企业的财务风险和偿债能力。较高的资产负债率可能表明企业依赖借入资金进行运营，这可能会增加偿债风险，尤其是在经济不景气或利率上升时。另外，较低的资产负债率可能表明企业较少依赖借入资金，具有较强的财务稳健性。

比如，假设 X 公司的资产情况如下：

总资产：2000000 元

总负债：1000000 元

首先，我们计算资产负债率：

$$资产负债率 = \frac{负债总额}{资产总额} \times 100\%$$

$$资产负债率 = 1000000 \div 2000000 \times 100\%$$
$$= 50\%$$

这意味着 X 公司的资产中有 50% 是通过负债融资的。

接下来，我们对资产负债率进行分析：

①资产负债率低于 50%：这表明 X 公司的自有资金（资产 – 负债）占比较大，企业对借入资金的依赖程度较低。这可能表明企业具有较好的财务稳健性和较低的偿债风险。

②资产负债率等于 50%：这表明 X 公司的资产和负债相等，企业正处于平衡状态。在这种情况下，企业需要谨慎管理财务，确保负债不会超过资产。

③资产负债率高于 50%：这表明 X 公司的负债超过了自有资金，企业对借入资金的依赖程度较高。这可能会增加企业的偿债风险，尤其是在经济不景气或利率上升时。

资产负债率也是评估企业信用状况的一个重要指标。债权人通常会关注这个比率，因为它反映了一旦企业破产，债权人能够回收资金的风险程度。资产负债率越高，债权人承担的风险越大。当资产负债率超过 100% 时，意味着企业的负债超过了其资产，企业处于资不抵债的状态。

需要注意的是，资产负债率分析应结合其他财务指标和外部环境因素进行。例如，X 公司的行业特点、经营策略、市场条件等都会影响资产负债率的健康程度。此外，资产负债率的历史趋势和同行业比较也是分析的重要参考。

（3）速动比率。

速动比率（Quick Ratio），也称为酸性测试比率（Acid-test Ratio），是衡量企业短期偿债能力的一个财务指标。它反映了企业在不考虑存货等较慢变现的流动资产情况下，能够用其流动性最强的资产（即速动资产）来偿还短期负债的能力。

速动资产主要包括企业持有的现金、短期投资、应收账款和应收票据等，这些资产的变现速度相对较快，可以在较短的时间内转换为现金。而存货、预付账款、待摊费用等则通常不包括在速动资产中，因为它们的变现速度较慢，不能立即用于偿还流动负债。

速动比率的计算公式如下：

$$速动比率 = \frac{速动资产}{流动负债} \times 100\%$$

其中，速动资产 = 流动资产 – 存货 – 预付账款 – 待摊费用等

流动负债 = 企业需要在一年内偿还的债务

速动比率越高，表明企业用速动资产偿还流动负债的能力越强，短期偿债风险越低。通常认为，健康的速动比率应为 1 左右，这意味着企业的每 1 元流动负债有 1 元速动资产来覆盖。如果速动比率低于 1，则表明企业的短期偿债能力较弱，可能面临较大的财务风险。然而，速动比率也不宜过高，因为过高的速动比率可能意味着企业有过多的流动资产未被有效利用，从而影响企业的盈利能力。

假设 Z 公司的财务数据摘要如下所示：

流动资产：500000 元

存货：100000 元

流动负债：300000 元

短期借款：50000 元

应付账款：200000 元

预收账款：20000 元

应付工资：10000 元

首先，我们需要计算速动资产，即扣除存货后的流动资产总额。

速动资产 = 流动资产 − 存货

$$= 500000 − 100000$$

$$= 400000（元）$$

接下来，我们计算速动比率，即速动资产与流动负债的比率。

$$速动比率 = \frac{速动资产}{流动负债} \times 100\%$$

$$= 400000 \div 300000 \times 100\%$$

$$= 133\%$$

从上述数据中可以看出，Z 公司的速动比率为 133%，这意味着公司每 1 元的流动负债有 1.33 元的速动资产来覆盖，显示了公司相对较强的短期偿债能力。

（4）债务比率。

债务比率（Debt Ratio），也称为负债比率或债务权益比率，是一个财务指标，用来衡量企业负债总额与股东权益总额之间的比例关系。债务比率反映了企业通过借入资金（负债）与自有资金（股东权益）的比例，揭示了企业资本结构中债务资本的占比。

债务比率的计算公式如下：

$$债务比率 = \frac{负债总额}{股东权益总额} \times 100\%$$

其中，负债总额是企业所有负债的总和，包括短期负债和长期负债；股东权益总额是企业的净资产，即总资产减去总负债。

债务比率可以用来评估企业的财务风险和长期偿债能力。较高的债务比率可能表明企业更多地依赖借入资金，这可能会增加偿债风险，尤其是在经济不景气或利率上升时。较低的债务比率可能表明企业较少依赖借入资金，具有较强的财务稳健性。

债务比率也是评估企业信用状况的一个重要指标。债权人通常会关注这个比率，因为它反映了一旦企业破产，债权人能够回收资金的风险程度。债务比率越高，债权人承担的风险越大。当债务比率超过100%时，意味着企业的负债超过了其资产，企业处于资不抵债的状态。

比如，某制造业企业最近一年的财务数据如下：

资产总额为1000000000元，其中流动资产为400000000元，非流动资产为600000000元。

负债总额为300000000元，其中流动负债为100000000元，非流动负债为200000000元。

净利润为20000000元。

首先，我们来计算资产负债率：

$$资产负债率 = \frac{负债总额}{资产总额} \times 100\%$$

资产负债率 = 300000000 ÷ 1000000000 × 100% = 30%

可以看出，该企业的资产负债率为30%，说明企业的负债水平相对较低，财务风险较小。

接下来，我们计算流动比率：

$$流动比率 = \frac{流动资产}{流动负债} \times 100\%$$

流动比率 = 400000000 ÷ 100000000 × 100%=400%

可以看出，该企业的流动比率非常高，说明其短期偿债能力较强。

最后，我们计算速动比率：

$$速动比率 = \frac{流动资产 - 存货}{流动负债} \times 100\%$$

假设该企业的存货为 50000000 元，则速动比率为：

速动比率 =（400000000 − 50000000）÷ 100000000 × 100% = 350%

可以看出，该企业的速动比率也非常高，再次证明其短期偿债能力较强。

通过分析这个企业的债务比率，我们可以得出结论：该企业的负债水平较低，短期偿债能力较强。

（5）利息保障倍数。

利息保障倍数（Interest Coverage Ratio），也称为已获利息倍数，是一个财务指标，用来衡量企业偿还债务利息费用的能力。它反映了企业每一元利息费用对应的盈利或现金流量，即企业经营活动所产生的利润能够覆盖其支付利息费用的程度。

利息保障倍数的计算公式如下：

$$利息保障倍数 = \frac{息税前利润（EBIT）}{利息费用}$$

其中息税前利润（EBIT）是企业在扣除利息和税项之前的利润，利息费用是企业为偿还债务而支付的利息总额。

利息保障倍数是衡量企业财务健康状况的重要指标之一，它反映了企业在偿还债务利息时的安全性和稳定性。一般来说，利息保障倍数越高，企业的偿债能力越强，信用风险越低。当利息保障倍数低于 1 时，意味着企业可能无法用自己的盈利来支付债务利息，这可能会导致企业面临财务压力，甚至需要通过借入更多资金来偿还利息，从而提高负债水平。

利息保障倍数通常用来评估企业的财务状况和信用风险，同时也是企业在申请贷款或发行债券时，债权人或投资者会关注的一个重要指标。

（6）负债权益比率。

负债权益比率（Debt-to-Equity Ratio），也称为财务杠杆比率，是一个衡量企业财务杠杆程度的重要财务指标。它反映了企业负债总额与股东权益总额之间的比例关系，即企业资本结构中债务资本的占比。

负债权益比率的计算公式如下：

$$负债权益比率 = \frac{负债总额}{股东权益总额} \times 100\%$$

其中负债总额是指企业所有负债的总和，包括短期负债和长期负债；股东权益总额是指企业的净资产，即总资产减去总负债。

负债权益比率可以用来评估企业的财务风险和长期偿债能力。较高的负债比率可能表明企业更多地依赖借入资金，这可能会增加偿债风险，尤其是在经济不景气或利率上升时。较低的负债比率可能表明企业较少依赖借入资金，具有较强的财务稳健性。

负债权益比率也是评估企业信用状况的一个重要指标。债权人通常会关注这个比率，因为它反映了一旦企业破产，债权人能够回收资金的风险程度。负债比率越高，债权人承担的风险越大。当负债比率超过100%时，意味着企业的负债超过了其资产，企业处于资不抵债的状态。

（7）逾期债务率。

逾期债务率（Overdue Debt Ratio），也称为逾期贷款率或坏账率，是一个衡量企业或金融机构信贷风险的财务指标。它反映了特定时期内逾期未偿还的债务占全部债务的比例，通常用于评估企业的信用状况和偿还债务的能力。

逾期债务率的计算公式如下：

$$逾期债务率 = \frac{逾期债务金额}{总债务金额} \times 100\%$$

其中逾期债务金额指在特定时期内，超过约定还款期限未偿还的债务金额；总债务金额指企业在特定时期内的债务总额。

逾期债务率越高，表明企业的信贷风险越大，偿还债务的能力可能越弱。这对于债权人来说是一个警示信号，可能需要采取措施来降低风险，比如提高贷款利率、要求抵押或担保，或者限制贷款额度。

逾期债务率也是金融机构内部风险管理的重要指标之一，它可以帮助金融机构识别潜在的坏账风险，并采取相应的风险控制措施。对于企业来说，降低逾期债务率是管理财务风险和维护良好信用记录的关键。

利润分析与盈利指标

利润分析（Profitability Analysis）是对企业在一定时期内所获得的利润进行定量化和评价的过程，目的是帮助企业理解其盈利能力、盈利质量、盈利来源以及盈利与收入、成本和费用之间的关系。

利润分析通常包括盈利能力指标、盈利质量分析、成本和费用分析、收入分析、利润与市场表现的对比、未来盈利预测等 6 个部分。

（1）盈利能力指标。

盈利能力指标可以衡量企业利用其资源和资本产生利润的能力。常见的盈利能力指标包括净利润率、毛利率、净资产收益率（ROE）、总资产收益率（ROA）等。它们的计算公式如下所示。

①毛利率：$毛利率 = \dfrac{营业收入 - 营业成本}{营业收入} \times 100\%$

该指标主要反映公司产品在市场的竞争力。

②净利率：$净利率 = \dfrac{净利润}{营业收入} \times 100\%$

毛利率是第一步的盈利能力评估，而净利率是第二步的盈利能力评估，净利率的高低直接受毛利率高低的影响，同时又进一步受企业三项费和其他损失与收益的影响。

③净资产收益率：$ROE = \dfrac{净利润}{净资产} \times 100\%$

该指标有两种计算方法：一种是全面摊薄净资产收益率。净资产收益

率 $=\dfrac{报告期净利润}{期末净资产} \times 100\%$。它强调年末状况，是一个静态指标。另一种
是加权平均净资产收益率。平均净资产收益率 $=\dfrac{报告期净利润}{平均净资产} \times 100\%$。
它是一个动态的指标。另外，该指标还可分解为：ROE = 销售净利率 × 资
产周转率 × 权益乘数 ）。

④总资产收益率：$ROA = \dfrac{净利润}{总资产}$

在考虑 ROE 时要查看一下 ROA 的情况，因为有些公司的高负债因素
会使 ROE 虚高，结合 ROA 观察则会看得更清楚。

⑤净利润现金流比率：净利润现金流比率 $=\dfrac{净利润}{经营活动现金流净额}$

当经营性现金流净额≥净利润的时候，或者与净利润相差不大的时候，
才能认为净利润是可靠的，是含金量高的，否则净利润有可能失真！

其中，毛利率是公司核心业务盈利能力的直接体现，是公司最基本、
最稳定的利润来源，只有主营业务获得足够的毛利才能覆盖公司的各种运
行费用、税金、利息等，以维持公司的持续经营，因此，毛利率是判断公
司盈利能力的基本指标。

（2）盈利质量分析。

盈利质量分析涉及评估企业盈利的可持续性和真实性，包括分析利润
的构成、非经常性收益的影响以及利润与现金流量之间的关系。

（3）成本和费用分析。

成本和费用分析主要是分析企业的成本结构和费用控制能力，以及这
些因素如何影响利润。

（4）收入分析。

收入分析主要是评估企业的收入增长趋势、收入来源的多样性和收入
的稳定性。

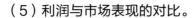

（5）利润与市场表现的对比。

利润与市场表现的对比是将企业的利润与市场平均水平或行业竞争对手进行比较，以评估企业的市场地位。

（6）未来盈利预测。

未来盈利预测是基于历史数据和市场趋势，对企业未来的盈利进行预测，以帮助决策者做出更明智的策略选择。

利润分析的目的是帮助管理层和投资者更好地理解企业的财务表现，评估企业的经营效率和盈利潜力，以及制定相应的财务策略和投资决策。这种分析可以揭示企业的财务优势和劣势，从而采取措施提高盈利能力和财务健康水平。

从企业现金流查看股利支付情况

企业股利支付情况是指企业将其盈利的一部分以现金或股票的形式分配给股东的行为和相关的财务状况。按企业经营和分配的正常程度，当企业将本期经营活动现金收入同本期偿还的债务、发生的支出进行配比后，其余额即为可用于投资及分配的现金。在不考虑筹资活动的情况下，它们的关系是：

可用于投资、分配股利（利润）的现金 = 本期经营活动的现金收入 + 投资活动的现金收入 – 偿还债务的现金支出 – 经营活动的现金支出

一般而言，若企业本期可用于投资、分配股利（利润）的现金大于零，说明企业当期经营活动现金收入加上投资活动现金收入足以支付本期债务及日常活动支出，且尚有结余用于再投资或利润分配；反之，则说明企业尚需通过筹资来弥补支出的不足。企业的股利支付情况通常可以通过每股经营现金流量净额、现金股利比率和经营活动现金净流量与股本之比等3个指标来评价。

（1）每股经营现金流量净额。

每股经营现金流量净额，即经营活动现金净流量与普通股股数之比，它反映的是企业对现金股利最大限度的分派能力。其计算公式为：

$$每股经营现金流量净额 = \frac{经营活动现金净流量}{普通股股数}$$

这一指标说明了每一份股本拥有的经营活动现金净流量，股东要想分得股利，最基本的条件是企业有可以用于分派股利的现金，投资活动和筹资活动取得的现金都不能用于分配股利，只有经营性净现金收入才可以真正用来分派股利。该比率越高，说明企业可以用于分派股利的现金越充足。

（2）现金股利比率。

现金股利比率，即经营活动现金净流量与现金股利的对比，该指标表示的是：企业用当期正常经营活动所产生的现金净流量来支付股利的能力有多大。其计算公式为：

$$现金股利比率 = \frac{经营活动现金净流量}{现金股利总额} \times 100\%$$

一般认为，现金股利比率越大，表明企业的支付股利能力越强，因为企业有足够的现金能保证现金股利的支付。

但事实并非完全如此，其原因是企业对股东的分配政策有很多种，如果当年企业采用了保守的股利分配政策，即基本不分派股利，或者很少比率地分派股利，在这样的情况下，计算出来的现金股利比率很高，却没有可比性。

此外，如果企业当年股利分配政策较宽松，也就是将绝大部分可供分配的利润进行了分配，但由于多方面因素，分配的是股票股利或实物股利的话，现金股利比率由于其分母为 0，因此不能进行计算，该指标也就没有任何意义了。

也就是说，这一比率只有在企业确认将绝大部分可供分配的利润用于

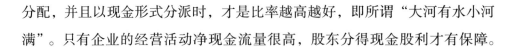

分配，并且以现金形式分派时，才是比率越高越好，即所谓"大河有水小河满"。只有企业的经营活动净现金流量很高，股东分得现金股利才有保障。

（3）经营活动现金净流量与股本之比。

经营活动现金净流量与股本之比，即对本期经营活动现金净流量给股本的回报的考核，表示的是股东投入的每 100 元股本，本期产生的经营活动现金净流量有多少。其计算公式为：

$$经营活动现金净流量与股本之比 = \frac{经营活动现金净流量}{股本总额} \times 100\%$$

这一指标虽然不能直接说明企业的股利支付能力，却也从股东权益的角度说明了企业在多大程度上能够产生对股东权益形成保障的现金流量，进而有利于股东考核企业未来支付股利的能力。

由现金流成长率看企业的成长性

现金流成长率是衡量企业成长性的一项重要指标。通过现金流成长率，我们可以了解企业在一定时期内现金流的变动情况，从而判断企业的成长性。具体来说，现金流成长率反映了企业现金流的增减变动，即与企业经营活动、投资活动和筹资活动密切相关。

现金流成长率可以通过下面的公式来计算：

$$现金流成长率 = \frac{本期现金流 - 上期现金流}{上期现金流} \times 100\%$$

比如，一个企业在 2022 年的现金流为 100 万元，而在 2023 年的现金流为 150 万元，那么其现金流成长率为：

现金流成长率 =（1500000–1000000）÷ 1000000 × 100% = 50%

这表明企业的现金流在一年内增长了 50%。

现金流成长率可以用来分析企业的短期和长期财务健康状况，以及其业务模式的可持续性。高现金流成长率可能表明企业正在有效地管理其现金流量，并且有能力进行扩张和投资；而低现金流成长率则可能意味着企业面临财务压力，需要寻找方法来改善现金流状况。

根据现金流的性质，我们还可以将企业现金流成长率分为经营活动现金流成长率、投资活动现金流成长率和筹资活动现金流成长率。

经营活动现金流成长率反映了企业主营业务的增长情况。如果企业的经营活动现金流成长率为正，说明企业的销售收入在增长，销售回款良好，创现能力强。这将有助于企业在未来扩大规模、提高市场份额，说明企业具有较好的成长性。

投资活动现金流成长率反映了企业投资收益的增长情况。企业在投资活动中投入的资金会在未来产生现金流入，如果投资活动现金流成长率为正，说明企业的投资收益在增长，投资效果良好。这将有助于企业提高盈利能力，说明企业具有较好的成长性。

筹资活动现金流成长率反映了企业筹资能力的增长情况。如果企业的筹资活动现金流成长率为正，说明企业在筹资过程中获得的资金在增长，有助于企业扩大经营规模、提高资产负债率，说明企业具有较好的成长性。

6.3　趋势分析：洞察企业未来财务状况变化

企业现金流规模变动及合理性分析

企业现金流规模变动及合理性分析是一项重要的财务活动，其目的在于评估企业在一定时期内现金流入和流出量的变化情况，并判断这些变化是否符合企业的经营战略和财务健康状态。

（1）经营活动现金流量的变动。

经营活动现金流量通常包括销售商品或提供服务收到的现金、收到的税费返还、收到的其他与经营活动有关的现金等流入项目，以及购买商品、接受劳务支付的现金、支付给职工以及为职工支付的现金、支付的各项税费、支付的其他与经营活动有关的现金等流出项目。

经营活动现金流量的状况可以反映公司的以下几个方面的能力。

①销售收现能力。如果经营活动现金流量净额为正，通常意味着公司的销售收入能够及时转化为现金，说明公司的产品或服务具有较好的市场接受度和较高的收现能力。

②成本控制能力。经营活动现金流量的正负也反映了公司在成本控制方面的效果。正现金流通常表明公司能够有效地管理成本，确保经营活动的现金支出在可控范围内。

③管理效率。经营活动现金流量的规模和变化速度可以间接反映公司管理层对现金流的管理效率。现金流量的稳定增长通常意味着管理层在资金运作和现金流管理方面做得较好。

④盈利质量。经营活动现金流量净额与净利润的关系可以揭示公司盈利的质量。如果经营现金流远大于净利润，可能表明公司的盈利具有一定的现金含量，反之则可能意味着盈利质量不高。

⑤财务健康。经营活动现金流量的稳定性和增长趋势是判断公司财务健康的重要指标。持续的正现金流通常表明公司具有良好的财务状况和持续的经营能力。

因此，经营活动现金流量是评估公司获利变现能力的重要财务指标，它有助于投资者和分析师判断公司的经营状况和财务风险。

（2）经营活动现金流占净利润比重。

经营活动现金流占净利润的比重反映了企业赚取利润后实际收到的现金流量的情况，具体表现如下。

①现金流量健康程度。当经营活动现金流占净利润的比重较高时，说明企业在赚取利润的同时能够实际收到现金，反映了企业现金流量的健康状况。这样的企业通常拥有较强的现金回收能力，可以保障业务的持续运作，降低财务风险。

②利润质量。如果这一比重较低，可能意味着企业虽然有净利润，但现金流入并不足以支撑这些利润，这可能是因为企业在销售商品或提供服务后，未能及时回笼资金，或者大量资金被应收账款、存货等非现金资产所占用。这种情况可能会增加企业的经营风险，因为这些未转换为现金的利润可能面临无法回收的风险。

③财务策略与运营效率。高比重的经营活动现金流通常表明企业在财务管理上较为保守，注重现金流的管理，运营效率高，能够有效地将销售收入转换为现金。而比重低则可能意味着企业在财务管理上较为激进，或者在转换销售收入为现金方面效率较低。

（3）比较经营活动现金的流入和流出，以及占全部现金流量的比重。

如果企业经营活动现金流量占比较大，那么说明企业的现金流量绝大部分来自企业自身经营的现金流，则企业的现金流是良性的，否则企业的现金流会更多地依赖外部资金。

经营活动现金净流量有三种状态，即经营活动现金净流量为正数、为负数，以及等于零。这三种不同的状态对企业的现金流和运营资金产生的影响是不同的。

经营活动现金净流量为正数，也就是企业的经营性现金流入量大于经营性现金流出量，这说明企业经营活动产生现金流的能力比较强，基本可以满足企业的资金周转需要。在资金管理上，企业能有效地管理其应收账款和存货，快速回收销售收入，并且控制成本和支出的增长。

经营活动现金净流量为零，即企业的经营性现金流入量等于现金流出量。如果企业账面有净利润，那么公司实现的利润真的就是账面利润，也可能存在虚假的成分，另外也说明企业的现金能够满足日常经营需要，但当企业经营出现困难时，企业的现金就会面临较大的问题，如果持续出现这种状况，则其经营活动现金流的质量较差。

经营活动现金流量为负数，意味着在一定会计期间内，企业从其正常的经营活动中产生的现金流入不足以覆盖流出的现金。出现这种现象，可能是因为销售收入减少，成本或费用增加，应收账款和存货增加，应付账款减少，或者提前支付费用或预付账款。

经营活动现金净流量持续为负可能会对企业的财务健康造成严重影响，因为企业可能需要依赖外部融资（如借款或增发股票）或出售资产来维持运营。因此，一旦发现经营活动现金净流量为负，企业管理层需要及时分析原因并采取相应措施，如增加销售收入、控制成本、优化应收账款和存货管理等，以改善企业的现金流状况。

如果企业处于初创阶段，经营活动现金流入很少或没有经营现金流入，则是正常状态。当企业进入正常经营过程后，还持续出现这种情况，就说明企业的经营状况较差，企业将会面临严重的资金链断裂的风险。

接下来，结合前面现金流量规模变动分析，我们来分析企业现金流规模变动的合理性。一般情况下，现金流量规模变动的合理性可以从下面4个方面来考量。

（1）数量分析。

评价标准就是企业的资金需求量。我们可以将企业当期现金需求增长量与当期现金流量变动情况进行对比，若两者相吻合，说明变动合理；若不相符，则说明变动不合理，需要做进一步的分析。

（2）比较分析。

将净利润变动情况与现金流量变动情况进行对比分析，正常情况下，两者的变动是相吻合的，但如果净利润的增长量高于现金净流量增长量，特别是在较长的时间内，则说明变动不合理。

（3）成本分析。

对比持有现金减少的短缺成本和增加的机会成本大小，若短缺成本大于持有成本，则变动合理；若短缺成本小于持有成本，则变动不合理。

（4）信用政策分析。

宽松的信用政策可能会造成收账成本升高，坏账风险加大。但严格的信用政策也可能导致库存成本升高，并降低产品的市场占有率。具体分析时，应权衡利弊，可以对宽松政策下加大的收账成本与严格政策下增加的库存成本进行比较，依次判断变动的合理性。

影响企业现金流的因素

现金流是企业运营的血液，在企业的运营和健康发展中扮演着至关重要的角色，它是确保企业维系生存基础，发展投资能力，确保财务和信誉稳定以及长期发展的重要保障。如果企业现金流断裂，就意味着企业将面临破产的风险。股价暴跌、投资人撤资、市场销量持续下滑等都是现金流管理不当时会出现的现象。因此，必须保证企业现金流的平稳运行。

投资风险、管理风险、债务风险、成本风险和销售风险被称为影响企业现金流的 5 大因素，原因在于这些风险因素在企业的日常运营和长远发展中扮演着至关重要的角色，它们可以直接或间接地影响企业的现金流状况。下面将详细解释每一项风险因素对企业现金流的影响。

（1）投资风险。

投资风险主要来源于企业盲目扩张、过度投资的行为。在进行投资决策时，企业可能会因为市场环境的变化、投资项目的效益不确定性，或是投资标的的选择失误等因素，导致预期的投资收益未能实现，甚至出现投资损失。投资风险过高可能会导致企业现金流量的减少，因为企业可能需要动用现金储备来弥补投资失败带来的损失，或者需要通过债务融资来筹集资金，这都会对企业的现金流产生负面影响。

（2）管理风险。

管理风险涉及企业决策层的失误，如盲目扩张、过度投资或不合理的资本运作等。这些决策可能导致企业资源的不当配置，使得企业现金流入不足以覆盖流出，造成现金流紧张。管理风险还会影响企业对未来市场变化的预测能力，进而影响现金流量的规划和调度。

（3）债务风险。

企业通过借贷融资来支持运营和扩张，但高额的债务会增加企业的利息支出，如果企业盈利能力不足以覆盖这些固定支出，便会面临现金流危机。此外，债务通常有固定的还款时间表，如果企业不能按时还款，可能会面临财务困境，严重时甚至会导致破产。

（4）成本风险。

企业在生产和经营过程中，如果不能有效控制成本，可能会因为成本过高而压缩现金流。成本风险还体现在企业对于成本波动的敏感性上，如原材料价格的上涨、劳动力成本的增加等，这些都可能导致企业现金流的不稳定。

（5）销售风险。

销售是企业赢得利润、保证现金流健康运转的核心。销售风险主要指企业产品或服务的市场需求不足，导致销售额下滑。如果企业销售收入减少，而成本和债务负担不变，甚至是增加，那么企业的现金流状况就会恶化。销售风险还可能影响企业的存货管理，过高的存货水平意味着企业现金流被占用在库存上，而不是流动资产中。

不同企业与企业不同阶段的现金流特点

根据企业的不同发展阶段，我们将企业分为创业期企业、发展期企业、成熟期企业和衰退期企业4种类型。

（1）创业期企业。

这类企业一般是初入市场，资金有限，利润水平较低。创业期企业的现金流量特征一般表现为：企业需投入大量的人力、物力对产品进行推广，经营活动净现金流量为负；投资活动消耗的现金流量远大于经营活动产生的现金流量，投资活动净现金流量为负；存在大量筹资需求，筹资活动净现金流量为负。

（2）发展期企业。

发展期企业的现金流仍然可能为负，但随着销售额的增加和市场份额的扩大，企业的现金流逐渐改善。在这个阶段，企业可能会有更多的投资活动，如购置固定资产、扩大生产线等，这些投资会进一步影响现金流。

（3）成熟期企业。

成熟期企业的现金流通常较为稳定，甚至可能转为正值。这是因为在成熟期，企业的销售额和利润达到峰值，产品市场稳定，成本控制得当，从而产生连续而稳定的现金流。此外，在成熟期，企业的投资活动相对减少，筹资活动也相对稳定。

（4）衰退期企业。

在衰退期，企业的现金流可能会受到负面影响。由于销售额下降，利润减少，企业可能需要出售资产或裁员来降低成本。这些因素可能导致现金流进一步恶化。如果企业不能及时调整战略，可能会面临现金流断裂的风险。

6.4 竞争力分析：看清企业未来优势与发展速度

利息保障倍数分析

利息保障倍数（Interest Coverage Ratio），又称已获利息倍数，用于衡量企业偿还利息费用的能力。它通过比较企业在一定时期内的息税前利润（Earnings Before Interest and Tax，EBIT）与利息费用的关系来计算得出。具体来说，这个比率说明了企业的经营收益能够覆盖其利息费用的多少倍。

利息保障倍数的计算公式通常为：

$$利息保障倍数 = \frac{息税前利润}{利息费用}$$

利息保障倍数的作用在于评估企业支付债务利息的安全性。一个较高的利息保障倍数意味着企业在支付利息方面有较大的安全边际，即使业务收入出现下滑，也有足够的盈利能力来覆盖利息支出。相反，一个较低的比率可能表明企业在偿还利息方面存在风险，因为它们的经营收益可能不足以支付债务利息，这可能导致企业陷入财务困境。

在分析利息保障倍数时，我们需要关注这个比率是否足够高，以确保企业能够稳定地支付利息费用。一般来说，利息保障倍数至少应该大于1，这样即使在业务下滑的情况下，企业也有足够的盈利来覆盖利息支出。如果这个比率过低，企业可能会面临财务压力，尤其是在经济不景气或行业竞争加剧的情况下。

利息保障倍数是财务分析中的一个重要指标，它帮助投资者、债权人和管理层评估企业的偿债能力和财务健康状况。通过这个比率，我们可以了解企业赚取的利润是否有足够的现金流量来支付其债务利息，从而保持良好的信用状态和财务稳定。

不过，虽然利息支付是真实的现金流出，但账面的利润却并不一定会产生真实的现金流入，从利润转化为现金中间存在时间差，这种时间差可能会造成利息保障倍数大于 1 但没有足够的资金可以支付利息的状况出现，所以由利息保障倍数又延伸出一个新的指标，现金流量利息保障倍数（Interest Coverage Ratio，ICR）。

现金流量利息保障倍数的计算公式为：

$$现金流量利息保障倍数 = \frac{经营活动现金净流量}{现金利息支出}$$

这里的经营活动现金净流量通常是指企业在一定时期内，经营活动所得到的现金流入减去现金流出的净额，它是企业实际收到并可自由支配的现金流量。而现金利息支出，则是企业在同一时期内实际支付的利息费用。

分析现金利息保障倍数时，我们需要关注这个比率的大小。一个较高的现金利息保障倍数表明企业有足够的现金流量来支付其债务利息，这意味着企业即使面临财务压力，也有较好的偿还能力。相反，如果这个比率较低，则意味着企业可能在偿还利息方面存在一定的风险，因为其经营活动产生的现金流量可能不足以覆盖债务利息的支出。

现金产权比率分析

现金产权比率（Cash Equity Ratio）一般用于衡量公司现金及现金等价物与其当前负债之间的关系，反映了公司使用现金偿还短期债务的能力，是评估企业短期偿债能力的一个重要财务指标。

现金产权比率的计算公式为：

$$现金产权比率 = \frac{现金及现金等价物}{流动负债}$$

这里的流动负债通常指公司在一年内需偿还的债务，现金及现金等价物包括公司手头的现金以及可以迅速转换为现金的金融资产。

一般情况下，现金产权比率的值越高，表示公司拥有越多的现金储备来覆盖其短期债务，这通常被视为财务健康的标志。然而，过高的现金产权比率也可能意味着公司没有有效地利用资金进行投资或支付股息。

现金产权比率分析主要可以通过同业比较、历史比较、现金流量分析和长期偿债能力分析4个维度来分析。

（1）同业比较。

将企业的现金产权比率与同行业其他企业进行比较。通过这种比较，我们可以了解本企业在行业中的财务地位，如果现金产权比率高于行业平均水平，则说明企业具有较好的短期偿债能力。

（2）历史比较。

将当前期间的现金产权比率与公司过去几个财务周期的比率进行比较。这种比较可以帮助企业识别财务状况的变化趋势，如果现金产权比率呈现上升趋势，可能表示企业的财务状况在改善。

（3）现金流量分析。

现金流量分析涵盖了现金流入和流出的评估。在现金产权比率分析中，重要的是关注企业的经营活动产生的现金流量，以及现金流入是否能满足偿债的需要。

（4）长期偿债能力分析。

虽然现金产权比率主要关注的是短期偿债能力，但也可以通过这个比率间接了解企业的长期偿债能力。一个稳定的现金产权比率可以表明企业在长期内能够维持健康的财务状况。

现金产权比率分析还可以将其他财务指标（如流动比率、速动比率、资产负债率等）结合起来使用，以获得对公司财务状况的全面理解。

现金收益分析

现金收益（Cash Earnings）指的是企业在一定时期内通过销售商品、

提供服务、转让资产、获取利息或租金等经营活动实际收到的现金款项。因此，通过对企业现金收益的分析，考察企业经营活动产生的现金流量来评估企业的财务状况和经营成果，可以衡量企业现金流量状况和财务健康程度。

现金收益分析侧重于现金流入和流出的实际情况，与基于权责发生制的财务报表相比，现金收益分析更能反映企业实际的资金状况和现金流动情况。

在现金收益分析中，有 3 个指标值得关注，分别是经营活动现金流量、净利润现金比率和现金流量结构。

（1）经营活动现金流量。

经营活动现金流量是反映企业日常经营活动过程中现金流入和流出情况的重要财务指标，通过对经营活动现金流量的分析，可以评估企业现金收益的情况。如通过分析购进商品、接受劳务支付的现金，可以判断企业的成本控制能力；对经营活动现金流量净额的分析，可以了解企业的成长性和盈利质量；通过现金流量充足性分析，可以判断企业利用经营活动产生的现金流量净额来满足投资活动资金需求的能力；通过收益质量比率分析，可以看出企业的收益质量；等等。

（2）净利润现金比率。

净利润现金比率是指经营活动现金流量净额与净利润的比率。这个比率能够揭示账面利润与实际现金流量之间的关系。通常情况下，较高的净利润现金比率表示企业实现的利润具有较高的质量，因为这意味着更多的利润转化为现金。

（3）现金流量结构。

现金流量结构涉及现金流入和流出的具体构成，如销售商品或提供劳务收到的现金、购买商品或接受劳务支付的现金、投资活动产生的现金流

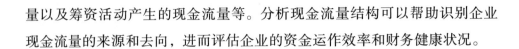
量以及筹资活动产生的现金流量等。分析现金流量结构可以帮助识别企业现金流量的来源和去向，进而评估企业的资金运作效率和财务健康状况。

现金周转分析

现金周转是指企业在日常运营中，从支付现金购买原材料、存货到通过销售产品或服务收回现金的过程。这个过程包括了企业支付现金购买原材料、存货，然后生产产品，销售产品，最后收回现金的完整循环。

每一个循环结束，意味着现金周转完成了一个周期，而现金周转期就是指这个过程中的时间段，即从企业支付现金购买原材料到收回现金的时间长度。这个周期的长短可以反映企业资金周转的速度和效率。通常情况下，现金周转期越短，说明企业的资金周转速度越快，资金使用效率越高，企业的财务状况越好。

第7章
如何通过现金流解决企业经营问题

7.1 通过现金流发现企业的本质问题

看企业的筹款、收款、赊账能力

企业的现金流详细记录了企业的现金收支活动，包括销售收入的回收、原材料的购买、工资的支付、税费的缴纳以及其他与经营活动相关的现金支出。通过对现金流的分析，我们可以清晰地看出企业在筹款、收款和赊账方面的能力。

（1）筹款能力。

企业的现金流入主要来源于筹资活动，如借款、股权融资等。通过现金流分析企业的筹款能力，主要通过观察企业现金流入的构成，包括筹资活动引起的资金收支、投资活动引起的资金收支、分配活动引起的资金收支以及营运活动引起的资金收支。

一般来说，资金短缺的公司筹资活动现金流流入会很大，通过定增、长短期借款等各种方式进行筹资，流出会很小，筹资活动现金流净额很大；而业绩优秀的公司往往筹资活动流入和流出数额都很低，甚至只有流出，筹资活动现金流净额很小甚至是负数。

如果现金流入较大，表明企业具有较强的筹资能力，能够有效地为经营活动提供资金支持。而现金流入较小，则可能意味着企业筹资能力较弱，资金链存在压力。

比如，A公司主要从事房地产开发和销售业务，我们选取了该公司2020—2022年的现金流量表数据进行筹款能力的简要分析，如表7-1所示。

表7-1　A公司2020—2022年的现金流量表数据简表（单位：元）

项目	2020年	2021年	2022年
经营活动现金流入	1000000000	1200000000	1500000000
投资活动现金流入	50000000	60000000	80000000
筹资活动现金流入	200000000	250000000	300000000
经营活动现金流出	800000000	900000000	1100000000
投资活动现金流出	100000000	120000000	150000000
筹资活动现金流出	100000000	120000000	150000000
经营活动现金流量净额	200000000	300000000	400000000
投资活动现金流量净额	−50000000	−60000000	−70000000
筹资活动现金流量净额	100000000	130000000	150000000

从数据上看，A公司的经营活动现金流量呈现逐年增长的趋势，说明公司主营业务运营状况良好，能够创造稳定的现金流入。投资活动现金流量净额为负值，说明公司近三年来的投资活动产生的现金流出大于现金流入，公司可能在扩大业务规模、购买固定资产、无形资产和其他长期资产等方面进行了较大幅度的投资。A公司的筹资活动现金流量呈现逐年增长的趋势，说明公司具备较强的筹资能力，能够有效地筹集资金以满足其业务发展需求。

综上分析，A公司近3年的经营活动现金流量稳定增长，投资活动现金流量净额为负值，筹资活动现金流量逐年增长。这表明A公司具备较强的筹款能力，能够筹集到足够的资金来支持其业务发展。然而，需要注意的是，公司在投资活动方面的现金流出较大，需要注意投资回报和资金周转情况，以确保公司具备持续稳定的发展能力。

（2）收款能力。

企业销售产品或提供服务后，收回的款项是现金流入的主要部分。我们可以通过分析企业现金流入、流出的情况，计算经营性现金流量净额，再对现金流量结构进行分析，从而判断出企业的收款能力。

企业现金流量表中的经营活动现金流入，主要来自销售商品、提供劳务收到的现金以及其他与经营活动有关的现金流入。如果企业的现金流入持续增长，说明企业的收款能力较强。经营活动现金流出，则主要包括购买商品、接受劳务支付的现金以及其他与经营活动有关的现金流出。如果企业的现金流出相对稳定或呈下降趋势，表明企业在控制成本和支出方面表现良好，收款能力可能较强。

计算经营活动现金流入与流出的差额（经营性现金流量净额），在进行分析时，如果发现经营性现金流量净额为正，说明企业在运营过程中创造的现金流入大于现金流出，具有较强的收款能力。

接着，我们再分析现金流量结构。通过对现金流量表中经营活动、投资活动和筹资活动现金流的分析，可以了解各种活动对现金流量的影响，从而更好地了解企业的收款能力。一个健康的现金流量结构应该是以经营活动现金流入为主，投资和筹资活动的现金流入为辅。

某制造业公司的主要业务为生产和销售电子产品，下面我们通过现金流量表来分析该公司的收款能力，该公司的现金流量表部分数据如表7-2所示。

表7-2　某制造业公司2021—2023年现金流量表数据简表（单位：元）

项目	2021年	2022年	2023年
销售商品、提供劳务收到的现金	10000000	12000000	15000000
收到的税费返还	500000	600000	700000
收到的其他与经营活动有关的现金	300000	400000	500000

（续）

项目	2021 年	2022 年	2023 年
购买商品、接受劳务支付的现金	8000000	9000000	11000000
支付给职工以及为职工支付的现金	2000000	2200000	2500000
支付的各项税费	1000000	1200000	1400000
支付的其他与经营活动有关的现金	500000	600000	700000
经营活动现金流量净额	1800000	2000000	2100000

我们可以看到，从 2021 年到 2023 年，该公司的销售现金流入持续增长，表明公司的销售业绩在不断提升，收款能力也在加强。同时，该公司经营活动现金流量净额也在逐年增长，说明公司的盈利能力和资金积累能力在提升。我们再通过公式"经营活动现金流量比率 =（总经营活动现金流入 – 总经营活动现金流出）/ 总经营活动现金流出"计算经营活动现金流入与流出的比率，也可以得出公司 A 的收款能力在逐年提升。

（3）赊账能力。

企业的赊账能力，即企业延迟支付债务的能力。

一般情况下，如果经营活动现金流量净额为正，说明企业通过经营活动能够产生足够的现金来偿还债务；反之，如果经营活动现金流量净额为负，表明企业可能需要依赖其他资金来源来支付债务。而对于投资活动来说，如果投资活动现金流量净额为正，可能是企业处置资产或其他投资收益所导致的，在一定程度上说明企业具有较强的赊账能力。在筹资活动方面，如果筹资活动现金流量净额为正，表明企业通过筹资活动获得了资金，这可能会增强企业的赊账能力；如果筹资活动现金流量净额为负，表明企业需要偿还债务，这可能会削弱企业的赊账能力。

下面我们通过一个案例来分析企业的赊账能力，表 7-3 为某家电制造企业 2020—2022 年的现金流量表简表。

表7-3　某家电制造企业2020—2022年的现金流量表简表（单位：元）

项目	2020年	2021年	2022年
经营活动现金流量净额	5000000	6000000	7000000
投资活动现金流量净额	−3000000	−4000000	−5000000
筹资活动现金流量净额	2000000	1000000	−3000000
期末现金及现金等价物余额	4000000	3000000	2000000

从表7-3可以看出，该企业的经营活动现金流量净额逐年增加，说明企业通过经营活动能够产生足够的现金来偿还债务。但是，该企业的投资活动现金流量净额连续为负，说明企业在投资活动中需要支付现金，这会削弱企业的赊账能力。在2020年和2021年，筹资活动现金流量净额为正，表明企业通过筹资活动获得了现金，该企业在赊账能力上有所增强。但在2022年，筹资活动现金流量净额为负，表明企业需要偿还债务，这可能会削弱企业的赊账能力。

总体上来说，该企业在2020年和2021年的赊账能力相对较强，但在2022年，企业的赊账能力可能较弱。在实际分析中，还需考虑其他财务指标和企业的具体情况，以更准确地判断企业的赊账能力。

看企业客户信用度与交付能力

现金流量表是反映企业在一定时期内现金流入和流出情况的财务报表，它可以帮助我们了解企业的经营、投资和融资活动对现金流量的影响。通过现金流量表，我们可以观察企业的资金状况和资金流动方向，从而对企业客户信用度与交付能力进行评估。

（1）现金流量表反映企业的盈利能力。

通过观察现金流量表中的经营活动现金流量，我们可以了解企业主营业务的盈利能力和资金回笼情况。如果企业的经营活动现金流量为正，说明企业主营业务盈利良好，有能力按时交付产品或服务，客户信用度较高。反之，如果经营活动现金流量为负，说明企业主营业务可能面临亏损，客户信用度和交付上可能存在一定风险。

需要注意的是，企业经营活动的现金流虽然反映出企业的盈利能力，但是这一指标需要结合多期数据比较，若只看一期数据，并不能作为参考。

（2）现金流量表反映企业的资金状况。

现金流量表可以帮助我们了解企业的资金状况，包括现金及现金等价物的余额、投资收益以及融资情况。这些信息有助于我们评估企业是否有足够的流动资金应对短期债务和资金需求，从而判断企业的客户信用度与交付能力。

（3）现金流量表反映企业的资金流动方向。

通过观察现金流量表中的投资活动和融资活动，我们可以了解企业的资金流动方向和资金使用效率。一个企业如果投资活动现金流量为正，表明其投资收益良好，有足够的资金支持经营活动，客户的信用度与交付能力相对较高。而融资活动现金流量为正，则说明企业有足够的资金来源，可以保证交付能力和客户信用度。

（4）现金流量表与其他财务报表和指标结合。

现金流量表可以与资产负债表、利润表以及财务比率等指标相结合，对企业进行全面评估，可以帮助我们更准确地判断企业的客户信用度与交付能力。

比如，资产负债表展示的是企业在某一时点的财务状况，反映了企业的资产、负债和所有者权益情况。通过比较资产负债表和现金流量表，可以分析企业的偿债能力，如流动比率、速动比率等，这些比率能反映企业短期偿债能力。同时，关注企业存货周转率、应收账款周转率等指标，这些指标高，说明企业存货和应收账款管理得好，资金回笼快，客户信用度可能较高。

利润表反映企业在一定时期内的经营成果，通过比较利润表和现金流量表可以分析企业的盈利能力和利润质量。就净利润现金比率而言，该比率较高，说明企业净利润中现金含量高，盈利质量好。同时，企业的毛利率、净利率等盈利指标高，表明企业的盈利能力强，客户信用度与交付能力可能较好。

7.2　如何给企业"止血"

利润和现金流的选择

利润（Profit）是企业一定时期内实现的最终财务成果，反映了企业的经营业绩和财务能力。它是以权责发生制为基础，依据收入和费用的配比和因果关系而形成的。利润包括收入减去费用后的净额、直接计入当期利润的利得和损失等。一般来说，企业的利润大小很大程度上反映了企业生产经营的经济效益。

现金流体现的是企业现金的实际进出，关注的是企业在经营过程中的现金流动情况。现金流反映企业在一定时期内的现金收入和支出，以及现金的净增加额。现金流是以收付实现制为基础的，能够直观地反映企业在经营过程中的资金状况。

利润和现金流分别反映了企业在经营过程中的不同方面，具有各自的特点，但又相互影响。利润主要反映了企业在一定时期内的经营成果和盈利能力，而现金流则关注的是企业在同一时期内的现金流入和流出情况。

利润和现金流二者在企业的整个存续期间，数量上是相同的。但在某一会计期间，金额上可能会有差别，这是由于采用不同的财务概念和时间的推移造成的。利润是预计未来现金流量的基础，而现金流则是实现利润的保障。一个企业要想持续发展，必须保持良好的现金流，否则即使有利润也可能因为资金链断裂而陷入困境。

利润和现金流之间的差异可以揭示净利润品质的好坏。如果一个企业的利润很高，但现金流却很低，那么可能存在利润虚高、应收账款过多、存货积压等问题，这样的利润质量是不高的。

总体而言，利润和现金流都反映了企业的财务状况，两者相互关联、相互影响。一个健康的企业应该既注重利润，又关注现金流，保持良好的现金流状况以支持企业持续发展。

企业在面临财务困境、经营亏损或现金流紧张等问题时，通常会采取一系列措施以阻止亏损的进一步扩大，并力求实现财务状况的稳定和改善。这些措施可能包括但不限于减少开支、优化运营效率、调整业务策略、寻求额外的资金来源、债务重组或实施破产重组等。

从利润和现金流两个角度来看，企业可以采取以下措施来解决经营过程中遇到的财务问题。

第一，优化成本结构。企业应该审查其成本结构，以确定是否有不必要的开支可以削减。

企业可以通过设立成本控制目标和成本管理体系，对各项成本进行细分，实施严格的成本控制，实现精细化管理成本；定期进行成本分析，找出成本控制的弱点，针对性地采取措施降低成本；优化供应链管理，通过与供应商建立长期合作关系，实现成本优势和供应链的稳定性；通过技术创新和管理创新提高生产效率，降低单位产品或服务的成本。

第二，提高产品和服务质量。提高产品和服务质量可以吸引更多的客户，抢占更多的市场份额，提高企业的收入和利润，而优质的产品和服务可以降低售后问题和退货率，增加现金流入。

企业可以通过加大对研发的投入，提高产品的技术含量和附加值，满足消费者需求，从而提升市场竞争力，实现利润增长；可以选择优质供应商，并与之建立长期合作关系，让优质的原材料和零部件打好产品质量的基石；还可以通过优化库存管理，减少库存积压，提高库存周转率，减少资金占用，改善现金流；通过技术改造、流程优化等手段提高生产效率，降低单位产品成本，从而在不降低售价的情况下提升利润空间，缩短生产周期，进而加快现金回流速度；鼓励客户对产品和服务提出意见和建议，然后根据这些反馈进行持续改进。这种以客户为中心的改进可以增强产品的市场竞争力，并有助于形成良好的口碑，吸引新客户，增加销售收入。

第三，管理应收账款和应付账款。企业对应收账款和应付账款的管理，是维持企业健康现金流和实现利润最大化的关键环节。企业应该加强对应收账款和应付账款的管理，及时收回应收账款可以增加现金流入，减缓应付账款的支付可以延长现金流出。

企业可以根据行业特点和市场状况制定信用销售政策，确定信用期限和信用标准，以吸引顾客，同时控制坏账风险；定期分析应收账款的账龄，对于逾期账款采取有效措施，如催款、法律诉讼等，减少坏账损失。还可通过调整信用政策和收款政策，改善企业的现金流状况；通过保理等财务手段，将应收账款转化为现金，改善资金流，同时分散信用风险；根据供应商的信用政策和企业的资金状况，合理安排采购付款周期，尽量推迟现金流出时间；利用应付账款融资，延长付款期限，缓解短期资金压力。

第四，监控库存和存货水平。过高或过低的库存水平都会影响企业的现金流。企业应该密切关注库存和存货水平，避免过度库存和积压，确保存货的合理周转。

监控库存和存货水平是一项重要的财务管理工作，涉及企业资金运作的效率和盈利能力。

从利润的角度看，企业一方面应该根据市场需求和供应链效率制定适当的存货水平，避免过多或过少存货导致的成本上升或销售机会的损失。另一方面，通过分析存货的周转次数，企业能够判断存货是否过多，是否存在滞销产品，以便提前调整销售策略，应对市场变化。此外，企业还应该定期进行利润质量分析，评估存货减值准备是否充足，避免因存货价值下降而未及时计提减值准备，影响利润的真实性。

从现金流的角度看，企业应该定期进行现金流分析，监控存货增加或减少对现金流的影响。比如，存货增加可能导致现金流出增加，而存货减少则可能增加应收账款，影响现金流入。对于存货占用的资金，企业可以考虑通过存货融资等方式，将存货转换为现金流，从而优化资金运作。

第五，控制资本支出。企业应该审慎控制资本支出，避免过度投资于固定资产和长期项目。通过合理规划资本支出，企业可以减少现金流出，改善现金流状况。

第六，融资渠道的优化。企业应该积极寻找融资渠道，以降低融资成本和风险。通过银行贷款、债券发行、股权融资等方式，企业可以筹集资金，缓解现金流压力。

第七，业务拓展和多元化。通过拓展新业务或开发新产品，企业可以寻求新的收入来源，降低经营风险。同时，业务多元化可以帮助企业应对市场波动和行业竞争，提高企业的盈利能力和现金流的稳定性。

对应收账款实施总额控制

对应收账款实施总额控制，是指企业在管理应收账款时，通过对整个应收账款总额进行监控和控制，以确保企业资金流的健康和防止财务风险的一种管理手段。具体包括以下几个方面。

（1）制定合理的应收账款政策。

制定合理的应收账款政策，可以根据企业的行业特点、市场状况以及客户情况来制定，包括信用期限、折扣政策、信用等级评价标准等。

首先需要了解所在行业的市场状况和需求特点，结合企业的产品或服务类型，确定信用政策的基本框架。接着根据行业惯例和客户信用状况，设定合理的信用期限。信用期限不宜过长，以减少资金占用成本和坏账风险。

其次，对不同客户根据其信用状况、业务规模、合作历史等因素，设定不同的信用等级。信用等级较高的客户可以享受更长的信用期限和更大的赊销额度。企业还可以设立专门的信用管理部门，负责客户的信用评估、应收账款的监控和管理等工作。

为鼓励客户尽早付款，企业还可以提供一定的折扣优惠。比如，客户在规定的时间内付款，可以享受一定比例的折扣。

再次，企业可以设定应收账款预警线，当应收账款接近或达到预警线时，及时采取措施，如加强催收、调整信用政策等。对于逾期应收账款，企业应采取有效的催收措施，如电话催收、发送律师函、上门催收等，以降低坏账风险。

最后，根据企业历史坏账情况，合理计提坏账准备金，以应对潜在的坏账损失。

（2）分散信用风险。

通过制定合理的应收账款政策，分散信用风险是企业管理中的重要环节。企业应该避免将所有的应收账款集中在少数几个大客户身上，分散信用风险。

分散信用风险，首先要对客户的信用状况进行评估，包括了解客户的经营状况、财务状况、信用历史等信息，以便确定客户的信用等级。

然后根据客户信用评估结果，设定不同的信用等级。信用等级较高的客户可以享受更长的信用期限和更大的赊销额度，而信用等级较低的客户则应受到一定的限制。

（3）监控账龄和变动。

定期统计应收账款的账龄及增减变动情况，并及时反馈给企业领导及销售部门，及时发现逾期账款，并采取相应措施。主要可以采用如下措施。

第一，企业可以定期与客户进行对账，确保双方对账目的一致性。通过对账，及时发现账务错误，防止账龄延长。

第二，定期进行账龄分析，将应收账款按照逾期时间进行分类，如30天以内、31~60天、61~90天等。通过账龄分析，可以了解应收账款的分布情况，及时发现逾期账款，并采取相应措施。

第三，加强财务部门与销售部门协同。财务部门应与销售部门保持紧密沟通，共同监控应收账款的变动情况。销售部门应及时向财务部门反馈客户的付款情况，以便财务部门及时调整账龄分析和管理措施。

（4）严格执行审批程序。

企业应制定明确的审批流程，包括应收账款的审批、信用额度的调整、坏账准备的计提等。审批流程应明确各级别人员的职责和权限，确保审批程序的规范和有效。对于超出赊销额度的应收账款，必须按照规定的审批程序进行逐级审批，最终由企业负责人决定是否赊销。

（5）跟踪管理。

对应收账款进行跟踪管理，包括定期对账、及时跟进客户的经营状况，防止因客户经营不善而造成的损失。此外，企业还应定期对客户的信用状况进行评估和监控，了解客户的经营状况、财务状况等信息。对于信用状况恶化的客户，应及时调整信用政策，采取相应的风险防范措施。

（6）建立坏账准备金制度。

应收账款不可避免地会出现坏账损失，因此，很多企业会选择建立坏账准备金制度及坏账损失审批核销制度，以减少坏账对企业财务状况的影响。

企业建立坏账准备金制度及坏账损失审批核销制度，首先需要识别可能导致坏账的风险因素，如客户信用恶化、经济环境变化、行业风险等，以便企业制定相应的坏账预防措施。

其次，企业应制定明确的坏账政策，包括坏账的定义、识别标准、处理程序等。坏账政策应与企业的业务特点和风险承受能力相匹配。

企业还需要合理计提坏账准备金，用于弥补潜在的坏账损失，保障企业财务稳定。坏账准备金管理制度包括坏账准备金的计提、使用、核销等环节。管理制度应确保坏账准备金的合规性和有效性。

构建现金流预警机制

构建现金流预警机制是企业为了预防和应对财务风险，特别是现金流风险，而采取的一系列措施和方法。一般会从确立现金流预警指标、建立现金流预测模型、设置预警阈值、建立应急响应机制、强化现金流管理等5个角度来思考。

（1）确立现金流预警指标。

企业应根据自身的行业特性和经营模式，确立合适的现金流预警指标。

首先是了解企业现金流的特点，包括现金流入和流出的主要渠道、现金流量的波动规律等，方便找到对企业风险的预警更为敏感的现金流指标。其次是确定关键的财务指标，这些指标包括但不限于流动比率、速动比率、现金比率等。

（2）建立现金流预测模型。

现金流预测模型可以帮助企业及时发现并预警潜在的财务风险，从而采取有效的措施进行规避，使得构建现金流预警机制成为企业管理中非常重要的一环。尤其是在当前的经济环境下，对企业现金流的管理和预测提出了更高的要求。

在建立现金流预测模型前，企业需要明确构建现金流预测模型的目的，以及需要预测的时间范围。比如是为了短期内的资金调度，还是为了长期的投资决策。

然后收集企业历史现金流数据，包括但不限于营业现金流、投资现金流和筹资现金流，并对数据进行清洗和处理，确保数据的质量。

接着确定预测模型。可以根据企业具体情况选择合适的现金流预测模型。常用的模型有：

①时间序列分析模型，即通过对历史现金流数据的时间序列分析，预测未来现金流。

②回归分析模型，即通过找出现金流与影响现金流因素之间的关系，进行回归分析预测。

③机器学习模型，如支持向量机（SVM）、随机森林等，这些模型能够处理大量的非线性数据，对现金流的预测具有较高的准确性。

（3）设置预警阈值。

在建立了预测模型后，企业需要设定合理的预警阈值。预警阈值可以参考企业的历史表现、行业特点、行业标准和宏观经济状况来设定。还可以设置不同的预警级别，如一级预警（轻微风险）、二级预警（中等风险）、三级预警（高风险）等，用不同级别的预警对应不同的阈值。

再为每个级别设定具体的阈值，这些阈值应该是实际操作中可以量化的数值，如现金流量低于某一特定金额时触发一级预警。一旦预测的现金流低于这些阈值，预警机制就会被触发。企业这时可以启动相应的应对措施，以防止财务风险进一步扩大。

（4）建立应急响应机制。

构建现金流预警机制后，建立应急响应机制是非常关键的一步，因为预警机制只是发现问题，而应急响应机制则是解决问题。应急响应机制一般包括制定应急预案、明确应急流程、设立应急小组、建立沟通机制、持续改进等。具体的措施、明确的责任人和预期目标让应急响应机制真正有效，以应对现金流预警机制触发时的财务风险。

（5）强化现金流管理。

除了上述的预警和应急响应机制外，企业还需要加强日常的现金流管理，包括精确地预测现金流、优化现金的使用和再投资策略、保持适当的现金储备等。

通过构建现金流预警机制，企业可以及时发现并应对潜在的现金流风险，从而保证企业的稳定运营和持续发展。

7.3　上市企业现金流问题的解决思路

企业现金流增长率和贴现率

企业现金流增长率（Enterprise Cash Flow Growth Rate）是一个衡量企业现金流量增长速度的财务指标，它反映了企业在一定时期内现金流量的变化情况，可以用来评估企业的经营状况和财务健康程度。

企业现金流增长率的计算公式为：

$$企业现金流增长率 = \frac{本期现金流 - 上期现金流}{上期现金流} \times 100\%$$

这个比率越高，说明企业的现金流量增长越快，经营状况越好；反之，如果现金流增长率较低，则可能意味着企业的经营状况不佳，需要进一步分析原因并采取措施改善。

企业现金流增长率一般有4个应用场景，分别是用来评估企业的经营状况、预测企业未来的现金流量、对比分析行业竞争对手和评估企业的投资价值。

（1）评估企业的经营状况。

通过分析企业的现金流增长率，可以了解企业在一定时期内现金流量

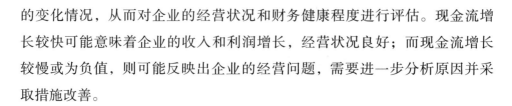

的变化情况，从而对企业的经营状况和财务健康程度进行评估。现金流增长较快可能意味着企业的收入和利润增长，经营状况良好；而现金流增长较慢或为负值，则可能反映出企业的经营问题，需要进一步分析原因并采取措施改善。

（2）预测企业未来的现金流量。

我们根据收集到的历史数据，计算各年度的现金流增长率后，可以对企业现金流增长率的趋势分析：

①如果现金流增长率保持稳定，可以使用趋势线或移动平均法预测未来现金流。

②如果现金流增长率存在季节性波动，可以使用季节性预测方法，如季节性指数法或季节性趋势法。

③如果现金流增长率存在周期性波动，可以使用周期性预测方法，如周期性趋势法或周期性指数法。

在预测未来现金流时，还需要考虑其他可能影响现金流的因素，如宏观经济状况、行业发展趋势、企业发展战略等。

（3）对比分析行业竞争对手。

通过比较行业内各个企业的现金流增长率，可以了解企业在行业中的竞争地位。较高的现金流增长率可能意味着企业在市场竞争中具有优势，而较低的现金流增长率则可能意味着企业需要加大投入以提高竞争力。

（4）评估企业的投资价值。

现金流增长率是衡量企业投资价值的重要指标之一。投资者可以通过分析企业的现金流增长率，结合其他财务指标和企业的经营状况，评估企业的投资价值和市场前景。

贴现率（Discount Rate）是指将未来支付改变为现值所使用的利率，或指持票人以没有到期的票据向银行要求兑现，银行将利息先行扣除所使用的利率。这种贴现率也指再贴现率，即各成员银行将已贴现过的票据作担保，作为向中央银行借款时所支付的利率。央行通过调整这种利率，可以影响商业银行向央行贷款的积极性，从而达到调控整个货币体系利率和资金供应状况的目的，是央行调控市场利率的重要工具之一。

广义上讲，贴现率可用于衡量当前货币的时间价值以及资金的成本，是金融市场中非常重要的一环。在实际操作中，贴现率还可以反映市场的资金供需情况和信贷风险，对企业和个人的投资决策产生重要影响。

在企业估值中，通常会使用现金流贴现法（Discounted Cash Flow，DCF）来计算企业的价值。DCF 方法是通过预测企业未来的自由现金流（Free Cash Flow，FCF），然后将这些未来现金流按照适当的贴现率折现，再将这些现值相加，得到企业的价值。DCF 方法认为，企业的价值等于其未来现金流的现值总和。这种方法适用于稳定现金流的企业，尤其是具有稳定盈利的企业。

总体而言，企业现金流增长率反映了企业现金流量的增长速度，而贴现率则是用于将未来现金流折算成现在价值的折现因子。在企业估值中，通常会使用现金流贴现法来计算企业的价值，该方法将企业的未来现金流按照适当的贴现率折现，得到企业的现值。

加强管理层的现金流管理意识

现金流是现代企业生存和发展的重要资源，其维系企业正常经营，同时为企业的发展带来一定的机遇和挑战。企业加强现金流管理，可以提高经营决策的科学性，提高财务管理的水平，提升经济收益。现代企业应针对现金流量进行全过程的管理和监督，健全企业预算管理机制，提高企业预算管理的水平，促进企业良性发展。

加强管理层的现金流管理意识，意味着要增进管理层对现金流管理的重要性、方法和技巧的认识和理解，培养他们积极主动地进行现金流管理的意识和能力。管理层具备良好的现金流管理意识，能够确保企业具备足够的现金流来支持日常运营和长期发展，有助于企业更好地预测和控制现金流入和流出，降低资金成本，提高企业的财务健康程度。同时，企业通过现金流的管理，可以及时发现和解决企业的财务风险，避免企业因现金流问题导致的财务风险。

管理层可以从以下几个方面着手，来加强现金流管理意识。

（1）提升自身财务管理知识水平和能力。

管理层可以通过不断学习来提升自身的财务管理知识水平和能力，特别是现金流管理方面的知识，包括财务报表分析、预算管理、成本控制、财务决策等，以便更好地指导和监督企业的现金流管理工作。此外，还可以关注财务管理领域的最新动态和发展趋势；运用现代信息技术手段提高财务管理效率，推动企业财务管理信息化；参加各类财务管理培训和交流活动，与业内专家和同行分享财务管理经验和心得；等等。通过不断学习，为企业决策提供全面、准确、有力的支持。

（2）制定明确的现金流管理目标和策略。

通过对企业目前的现金流状况进行全面分析，包括现金流入和流出的情况、现金流量的波动性、现金流的结构等，管理层可以制定明确的现金流管理目标。现金流管理目标包括提高现金流量、降低现金流风险、优化现金流结构等。确保目标具有可衡量性、可实现性和时限性。

针对确定的目标，再制定具体的现金流管理策略，比如融资策略、投资策略、运营策略、成本控制策略、现金流预测和监控策略等。

再继续建立现金流预测和监控机制，明确各部门和岗位在现金流管理中的职责和任务，确保现金流管理工作的落实，让企业能及时发现和解决现金流问题，降低现金流风险。

（3）建立健全现金流管理制度和流程。

制定现金流管理制度，首先需要明确现金流管理的目标、原则、范围和责任，确保制度具有可操作性和实用性。制定现金流管理制度内容包括现金流管理组织架构、现金流管理流程、现金流管理控制措施、现金流管理监督与检查。

其次需要根据现金流管理制度，设立现金流管理流程，包括现金流入和流出环节的控制、现金流量的预测和分析、现金流报告等，确保流程高效、合规。

在现金流管理制度和流程建设中，还可以借助信息化手段，如运用现代信息技术，识别和分析企业现金流风险，提高现金流管理效率，实现财务数据的实时、准确、全面收集和分析。

在制度落实上，还需要根据现金流管理工作的实际运行情况，不断优化和完善现金流管理制度和流程，提高企业的现金流管理水平。

（4）加强现金流管理团队的培训和能力建设。

加强管理层的现金流管理意识，还需要组织相关人员进行现金流管理知识和技能的培训，确保团队高效地开展现金流管理工作，提高企业整体现金流管理水平。同时，加强现金流管理制度的宣传和推广，确保全体员工了解并遵守制度要求。

（5）强化现金流风险意识和管理。

管理层需要强化现金流风险意识，建立健全现金流风险识别、评估和应对机制，确保企业能够及时应对现金流风险，避免给企业造成重大损失。

（6）推动企业文化建设。

管理层需要推动企业文化建设，将现金流管理意识融入企业文化，提高全体员工对现金流管理的重视程度，形成共同参与现金流管理的良好氛围。

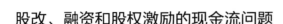

股改、融资和股权激励的现金流问题

（1）股改。

股改（Share Reform），全称为上市公司股权分置改革（Reform of the Shareholder Structure of Listed Companies），是中国 A 股市场为了解决历史遗留问题而采取的一项重要改革措施。这项改革的核心目的是消除上市公司股份中的非流通股和流通股之间的制度性差异，实现股票的全流通，即让原本不能在二级市场上自由交易的股份也能够上市流通。

在中国股市的早期发展阶段，大多数上市公司是由国有企业改制而来，这些企业的股份分为国有股和法人股，这部分股份通常由国家和各级国有资产管理部门持有，它们不能像普通股那样在市场上自由流通。随着股市的发展，这种"同股不同权，同股不同利"的现象逐渐暴露出诸多问题，影响了市场的公平性和透明度，不利于股市的健康发展。

为了解决这一问题，中国证监会推动了股权分置改革，通过非流通股股东和流通股股东之间的利益平衡协商机制，让非流通股股东向流通股股东支付一定的对价，以取得股票的流通权。股改的完成标志着上市公司的所有股份都有机会在市场上进行交易，实现了同股同权、同股同利的目标。

自 2019 年以来，国内资本市场改革步伐加快，其中以科创板的设立和创业板注册制的推行最具代表性。在此过程中，众多优质企业，尤其是科技创新型企业，纷纷选择在境内资本市场上市。而对这些企业来说，进行股份制改革（股改）往往是它们迈向境内上市的关键一步。

股改包括多种情形，如上市公司实施股权分置改革，未上市公司引入股权激励，或公司形式从有限责任公司变为股份制有限公司等。在首次公开募股（IPO）的语境中，股改通常是指"有限责任公司按原账面净资产值折股整体变更为股份有限公司"。

实际操作中，企业通常在 IPO 前进行整体变更以实施股改，这一过程包括审计、评估、股东会召开、发起人协议签署、验资、创立大会召开以及工商变更登记等步骤。这些步骤中的涉税问题一直是证券监管机构和税务机关关注的焦点。

监管机构常常询问发行人在股权转让、整体改制、盈余公积金及未分配利润转增股本过程中，实际控制人是否履行了纳税义务，是否存在重大违法违规情形，是否构成对本次发行上市的法律障碍等问题，要求企业及保代机构予以明确回复和进行信息披露。由于潜在税收金额较高，加上股东可能缺乏纳税资金来源，如何处理股改的涉税问题成为拟上市企业需要解答的"上市必答题"。因此，企业在上市过程中需要提前考虑和解决多方面的税务问题，比如实施股改对拟上市企业和股东分别有哪些税务影响，以及拟上市企业和股东如何妥善解决股改的相关税务问题。

股改对于完善上市公司治理结构、深化国有企业改革、实现国有股权市场化动态估值、增强国有资产保值增值能力等方面都具有积极意义。同时，它也促进了股权的合理流动，发挥了市场的资源配置功能，为上市公司进军国际市场拓展盈利空间提供了支持，有助于建立长效的激励机制，促进上市公司的持续发展。

在股改过程中，企业也可能会面临一些现金流问题，主要包括以下几个方面。

①支付对价。在股改过程中，非流通股股东通常需要向流通股股东支付一定的对价，以获取股票的流通权。这样一来，非流通股股东需要为流通股股东支付一定的现金，从而对公司的现金流产生影响。

②股权转让。在股改完成后，原本的非流通股将转变为流通股，可以在二级市场上自由交易。这可能导致公司部分股东出售股份，从而获得现金。然而，如果大量股东出售股份，可能导致股价下跌，进而影响公司的再融资能力。

③增发新股。部分公司在股改过程中，会通过增发新股的方式来实现全流通。这样一来，公司需要向市场筹集资金，以支付流通股股东的对价。

这会对公司的现金流产生一定压力。

④融资成本。股改可能需要公司进行一定的融资活动，如发行债券、取得银行贷款等。这些融资活动会产生一定的利息支出，从而影响公司的现金流。

⑤股改承诺。在股改过程中，相关股东可能需要对公司的未来发展做出一定的承诺，如注入优质资产、提高公司盈利能力等。如果这些承诺未能兑现，可能会影响公司的现金流。

因此，在实施股改时，企业需要制定合理的财务策略以应对可能出现的现金流风险。同时，企业也需持续优化其股改方案，以确保在激励员工和优化股权结构的同时，不会对公司的现金流造成过大的压力。

（2）融资。

融资（Financing）是指资金的需求者在资金市场上从资金的供应者那里筹集资金的一种经济活动。这个过程包括资金在持有者之间流动，以余补缺的经济行为，它是资金双向互动的过程，包括资金融入（资金的来源）和融出（资金的运用）。融资的途径有很多种，包括银行贷款、债券发行、股权投资、租赁融资等。

融资通常用于满足企业或个人的资金需求，比如用于购买设备、扩大生产、开发项目等。通过融资，资金需求者可以提前获得所需的资金，而资金供应者则可以通过融资活动获取一定的收益。

融资可以分为直接融资和间接融资。直接融资是指资金需求者直接从资金供应者那里筹集资金，如发行债券、股票等。间接融资是指通过金融中介机构，如银行、证券公司等进行资金融通，如银行贷款、融资租赁等。

上市公司在融资过程中可能会产生以下现金流问题。

①融资成本。融资成本即企业在融资过程中需要支付一定的利息或者费用，如银行贷款利息、债券利息、股权融资成本等。这些融资成本将影

响企业的现金流，增加企业的财务负担。

②还本付息。还本付息是指企业融资往往需要承担一定的债务，如银行贷款、债券等。在融资期限内，企业需要按照约定的利率向债权人支付利息，并在到期时偿还本金。这些还本付息的现金流支出会对企业的财务状况产生影响。

③股权融资稀释。股权融资稀释指企业通过股权融资筹集资金时，会发行新股并募集资金。这将导致原有股东的股权被稀释，可能影响企业的控制权和股东利益。此外，股权融资还可能导致股价下跌，进而影响公司的再融资能力。

④融资风险。融资风险即企业在融资过程中可能面临一定的风险，如利率风险、信用风险、市场风险等。这些风险可能导致企业的融资成本增加或者融资渠道受限，从而对企业的现金流产生影响。

⑤融资约束。融资约束即企业在融资过程中可能会受到一定的约束，如金融机构的信贷额度限制、债券市场的发行条件等。这些融资约束可能限制企业的融资规模和融资渠道，进而影响企业的现金流。

⑥资金使用效率。影响资金使用效率的表现是企业融资所筹集的资金可能无法完全用于有效的投资和业务拓展，部分资金可能闲置或者用于低效项目。这将导致企业的现金流受到影响，降低企业的盈利能力。

企业在融资过程中需要充分考虑现金流问题，制定合理的融资策略，以确保企业在融资过程中能够维持稳定的现金流。这包括选择合适的融资方式、融资期限和融资额度，以及关注资本市场波动对企业融资的影响。同时，企业还需要加强现金流管理，确保融资活动与现金流需求相匹配，以降低现金流风险。

（3）股权激励。

股权激励是一种公司为了激励和留住关键员工，提高其工作积极性和创新性而采用的一种薪酬激励机制。在这种机制下，公司会将一部分股权或股权的衍生品，比如期权、股票激励、限制性股票等，奖励给员工，以激励员工更好地工作，促进公司的业绩提升和价值创造。股权激励既可以是现金薪酬的替代，也可以是额外增加的薪酬。它通常伴随着特定的绩效目标或者时间期限。在达到这些目标或者时间期限后，员工可以行权获得公司的股权或者现金。

股权激励计划通常需要满足一定的合规性要求，比如要求公司的财务报告未被注册会计师出具否定意见或无法表示意见的审计报告，激励对象不能包括单独或者合计持有上市公司 5% 以上股份的股东或实际控制人等。同时，激励计划的披露也需要完整、真实和准确，以获得股东和监管机构的认可。

在实施股权激励的过程中，也可能产生一些与现金流相关的问题。具体来说，这些问题主要包括如下几个方面。

①股权激励支出对现金流的影响。股权激励通常涉及公司股票的赠予、出售或是期权授予，这些都会在短期内对公司现金流造成压力。尤其是当股权激励计划涉及较大比例的股份时，如果员工行权购买，公司需要支付相应的现金对价，这会直接减少公司的现金储备。

②股价波动带来的现金流不确定性。股权激励往往与公司股价的表现挂钩。若股价上涨，员工行使期权将增加公司的现金流压力；相反，若股价下跌，可能会减少员工行使期权的动力，从而影响公司的激励效果和预期的现金流。

③融资约束问题。有时为了支付股权激励产生的现金支出，上市公司可能需要从外部融资。这样不仅会增加公司的财务成本，还可能因为市场融资环境的变化而带来不确定的现金流。

④股利政策的变化。实施股权激励后，公司的股利政策可能会受到股东和管理层之间新的博弈影响。股东可能会要求公司维持一定水平的股利以保障其利益，而这可能会对公司的现金流管理造成挑战。

⑤现金流管理与内部控制的复杂性。股权激励计划的实施需要更为复杂的现金流管理和内部控制机制，以确保符合法规要求，并准确反映在财务报表中。

此外还有员工离职与股权激励的回收问题。如果参与股权激励的员工离职，其持有的股份可能需要公司以现金的形式回购，这也会对公司的现金流造成一定影响。

因此，在实施股权激励时，上市公司需要综合考虑现金流的问题，并制定合理的财务策略以应对可能出现的现金流风险。同时，企业也需持续优化其股权激励计划，以确保在激励员工的同时，不会对公司的现金流造成过大的压力。

第8章
从现金流角度规划企业经营战略

8.1　企业现金流预算规划

企业业务预算和财务预算

业务预算（Operating Budget）是企业在一定时期内，对预期进行的各项具有实质性的基本活动所涉及的收入和费用进行的事前计划和安排。它详细反映了企业预计将进行的业务活动的资金流入和流出，是企业进行经营决策、控制成本、预测利润和现金流量以及考核业绩的重要工具。

具体而言，业务预算涵盖了直接材料采购预算、生产预算、销售预算、直接人工预算、工厂间接费预算、单位产品工厂成本预算、管理费用预算等。在商业系统中，则包括商品流通费用如运杂费预算、保管费预算、包装费预算、利息预算、工资预算以及其他费用预算等。

业务预算的制定是一个自下而上的过程，通常由各个业务部门根据自身的运营计划和目标开始编制，然后提交给财务部门汇总，最终形成企业整体的业务预算。财务部门在预算编制过程中的责任主要包括搭建预算表格、组织预算编制工作、对预算中的异常提出建议、将预算报管理层审批，并负责预算执行情况的跟进和分析。

企业通过业务预算可以明确未来的经营方向和目标，合理分配和调节资源，有效控制成本，提高经营效率和效果。同时，业务预算也是企业进行风险控制和管理的重要手段，可以帮助企业及时发现并应对市场变化带来的不利影响。

　　财务预算（Financial Budget）是在预测和决策的基础上，围绕企业战略目标，对一定时期内企业资金的取得和投放、各项收入和支出、企业经营成果及其分配等资金运动所做出的具体安排。简单来说，财务预算就是企业在经营管理活动中，对财务收入和支出进行预测和规划的过程。

　　财务预算主要包括现金预算、营业收入预算、成本预算、利润预算和资本预算等部分。现金预算是对企业现金收入和支出进行预测和规划，确保企业有足够的现金流量来满足经营需求；营业收入预算是对企业预计的收入进行预测和规划，以实现企业的经营目标；成本预算是对企业预计的成本进行预测和规划，帮助企业控制成本，提高经营效益；利润预算是对企业预计的利润进行预测和规划，以评估企业的经营业绩；资本预算则是对企业的投资和融资活动进行预测和规划，以实现企业的资本结构优化和盈利目标。

　　在企业运营中，财务预算是重要的管理工具，可以帮助企业制定明确的目标和计划，有效地组织资源，监控经营过程，评估经营成果，并为企业决策提供有力的支持。

　　现金预算编制是企业现金流管理的重要环节，主要目的是预测和规划企业未来一定时期内的现金流入和流出，确保企业拥有足够的现金流量来支持日常运营和发展，满足偿债、支付利息、维持运营、进行投资等需求。

　　现金预算由现金收入、现金支出、现金余缺、现金筹措与运用四部分构成。现金收入包括计划期间的期初现金余额，加上本期预计可能发生的现金收入。现金收入的主要来源一般是销售收入和应收账款的收回。现金支出则涉及直接材料、直接人工、制造费用和销售及管理费用方面的经营性现金支出，以及用于交纳税金、股利分配等支出，另外还包括购买设备等资本性支出。现金余缺是将现金收入总额减去现金支出总额后得出的差额，这个差额可以用于偿还借款或进行短期投资，或者表示现金不足，需设法筹资、融资。

现金预算和现金流量表都是企业现金流管理的重要工具，但在风险控制点上，它们存在一些不同之处。

现金预算主要是对企业未来一定时期内的现金流入和流出进行预测和规划，以确保企业拥有足够的现金流量来支持日常运营和发展。在风险控制上，现金预算侧重于预防和规避风险。通过准确预测未来的现金流入和流出，企业可以提前做好资金安排，避免因为资金短缺或过剩而引发的风险。此外，现金预算还可以帮助企业识别潜在的资金缺口，从而提前采取应对措施，如调整经营策略、寻求外部融资等，以降低现金流风险。

现金流量表则主要反映企业在一定时期内现金流入和流出的实际情况，包括经营、投资和筹资活动产生的现金流量。在风险控制上，现金流量表侧重于监控和评估风险。通过对比分析现金流量表中的数据，企业可以了解现金流量的变动趋势和结构特点，及时发现现金流异常或潜在风险。例如，现金流量表中的经营现金流量持续为负，可能意味着企业的盈利能力存在问题，企业应及时调整经营策略或加强成本控制。此外，现金流量表还可以帮助企业评估偿债能力、投资回报等财务状况，从而为风险控制提供有力支持。

现金预算和现金流量表在风险控制点上各有侧重。现金预算更注重预防和规避风险，通过预测和规划未来现金流量来降低风险；而现金流量表则更注重监控和评估风险，通过反映实际现金流量情况来发现潜在风险。两种方法相辅相成，共同构成企业现金流风险控制的重要手段。

那么，企业应该如何通过业务预算和财务预算来做现金流预算规划呢？

企业现金流预算规划是在业务预算和财务预算的基础上，对一定时期内企业现金流入和流出进行预测、分析和安排的过程，一般包含下面几个要点。

（1）收集并分析相关数据。

企业需要收集与现金流相关的数据，如历史现金流量表、业务预算中的收入和支出、财务预算中的各项成本和费用等，以便相关人员做好预测未来的现金流量的工作。

在收集完数据后，企业需要对数据进行分析和评估，以便理解现金流量的变化原因和趋势，包括：

①分析经营活动产生的现金流量，如销售现金收入、采购现金支出等。

②评估投资活动产生的现金流量，如购买或出售固定资产、长期股权投资等。

③理解筹资活动产生的现金流量，如吸收投资、取得借款、偿还债务等。

同时，分析企业业务预算和财务预算中的现金流量，预测未来的现金流入和流出情况，了解现金流量波动的规律。

（2）制订现金流预算计划。

根据对现金流量分析的结果，制订现金流预算计划。计划应包括现金流入和流出的预测值、现金储备的目标值等。企业需要确保现金流预算计划能够满足日常运营、投资和融资等方面的资金需求。

（3）监控和调整。

制订现金流预算计划后，企业需要定期监控预算计划的执行情况，对比实际现金流量与预算现金流量的差异，并持续监控现金流量状况，确保预算的有效执行。现金预算制定后，企业需要将其付诸实施，包括：

①将现金预算分解到各个部门，明确责任和执行目标。

②定期比较实际现金流量与预算的差异，分析原因并采取纠正措施。

③根据实际情况调整预算，确保预算的适应性和灵活性。

如果发现实际现金流量与预算现金流量有较大偏差，企业应及时分析

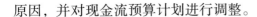
原因，并对现金流预算计划进行调整。

（4）管理现金流量。

在现金流预算计划执行过程中，企业应同步加强对现金流入和流出的管理，确保现金流量稳定，比如，通过建立内部控制机制，确保现金流量的安全和有效；设定考核标准，对预算执行情况进行评价和反馈等。

对于现金流入，企业可以通过加强对应收账款、投资收益等的管理，来提高回收速度；对于现金流出，企业可以通过加强对应付账款、采购支出、投资支出等的管理，来控制支出规模。

（5）融资安排。

企业还可以根据现金流预算规划，合理安排融资活动。比如，在现金流紧张时，企业可以通过借款、发行债券等方式筹集资金；在现金流充裕时，企业可以通过提前还款、回购股票等方式优化资本结构。

企业成本与现金预算

企业成本（Enterprise Cost）是指企业在其生产经营活动中所发生的全部费用，包括物质消耗、劳动报酬、生产资料的购买和折旧、管理费用、研发费用、营销费用等。降低企业成本是提高企业竞争力和盈利能力的关键。

企业成本的管理和控制是企业经营管理的重要内容，涉及面广，包括采购、生产、运营、管理等多个环节。有效的成本管理可以提高企业的经营效率，为企业创造更大的价值，如数字化采购、供应链管理、新技术应用等都是降低企业成本的有效手段。此外，良好的政策和环境也是降低企业成本的重要因素，如我国推出的税费优惠政策、外汇便利化政策等，能够有效地降低企业的经营成本，助力企业的发展。

企业现金预算（Enterprise Cash Budget）则是财务管理中的一项重要工

具，它是一种预测企业在一定时期内现金流入和流出情况，以及期末现金余额的财务计划。通过现金预算，企业能够合理地安排和调配资金，确保资金的流动性和偿债能力，从而支持企业的稳定经营和可持续发展。

具体来说，企业现金预算主要包括4个方面，分别是期初现金余额、预计现金收入、预计现金支出和现金多余或不足。

期初现金余额是指预算期开始时的现金结存数。预计现金收入是在预算期内预期会收到的现金，如销售现金收入、回收应收账款、票据贴现等。预计现金支出是在预算期内预期会发生的现金支出，如原材料采购、工资支付、管理费用、销售费用、税金缴纳、设备购买等。现金多余或不足则是现金收入与现金支出相抵后的余额。如果收入大于支出，表示现金有多余，可以用于偿还贷款、购买短期证券等；如果支出大于收入，表示现金不足，需要通过筹资、融资等方式补充资金。

通过现金预算，企业可以及时发现并解决现金流问题，为企业的经营决策提供有力支持。同时，现金预算也是企业现金管理的重要组成部分，有助于提高企业资金的使用效率，降低财务风险。

企业从企业成本与现金预算的角度来做现金流预算规划，可以采取以下步骤。

（1）成本预算的编制。

成本预算是企业现金流预算的基础。企业需要详细地预计和计算各项成本，包括固定成本和变动成本。固定成本包括租金、折旧、工资等，变动成本则随生产销售量的变化而变化，如原材料成本、直接劳动成本等。通过对这些成本的精细化管理，可以有效控制成本支出，为现金流预算提供坚实基础。

（2）销售预算的制定。

销售预算是现金流预算的另一重要组成部分。企业需要根据市场情况

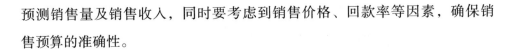

预测销售量及销售收入，同时要考虑到销售价格、回款率等因素，确保销售预算的准确性。

（3）现金流量的预测。

在成本预算和销售预算的基础上，企业应对现金流入和现金流出进行详细预测。现金流入主要来源于销售回款、投资收益等，现金流出则包括原材料购买、工资发放、税费支付等。通过对现金流量进行精确预测，企业能够及时发现并解决潜在的现金流问题。

（4）资金筹措计划的制订。

根据现金流量预测结果，企业需制订相应的资金筹措计划。如果预测到未来某一时期可能出现现金短缺，企业需要提前规划短期或长期的融资方案，以确保资金的充足性。

（5）预算执行与监控。

预算制定后，企业需要建立有效的预算执行和监控机制。通过实际发生数据与预算数据的对比分析，及时发现偏差并采取措施进行调整。这也为下一轮预算的制定提供了实际数据和经验教训。

（6）风险管理与内部控制。

现金流预算规划还需要考虑风险管理，包括市场风险、信用风险等，并加强内部控制，确保资金的安全性和流动性。

全面预算推行的必要性与管理工作

全面预算（Comprehensive Budget）是指企业在财务管理中，对一定时期内的所有经济活动进行系统的计划和控制。全面预算的核心思想是通过制定预算，将企业的战略目标和经营计划转化为具体的财务指标和预期结果，以指导企业的日常运营和管理。它是一种系统性的管理工具，通过合理分配企业的财务、实物以及人力资源，以量化的、综合的方式涵盖企业整个经营过程，从而提高企业的管理水平和经营效率，实现企业价值最大化。这种预算管理方式涉及企业各个层面和部门，包括经营性预算、财务预算和投资性预算等。

全面预算管理不仅仅关注数字和指标，它更是一种全员参与、全过程和全方位控制的管理系统。

全员参与意味着企业中每个部门和员工都参与到预算的制定和执行中，共同为实现企业目标而努力；全过程，即全面预算管理覆盖了预算的编制、执行、监控和调整等全过程，要求企业对预算执行情况进行持续的跟踪和评估；全方位是指全面预算管理不仅关注财务指标，还关注非财务指标，如市场占有率、客户满意度等，以实现企业的综合目标。此外，全面预算管理还具有灵活性和适应性，它要求企业能够根据外部环境和内部条件的变化，灵活调整预算计划，以应对各种不确定性。

一般来说，全面预算的主要内容包括如下几个方面。

（1）经营性预算。

经营性预算是指企业在进行全面预算管理过程中，为了规划和控制预算期间的生产、销售等日常业务以及与此相关的各项成本和收入而编制的预算。这种预算通常涵盖了销售预算、生产预算、成本预算和费用预算等各个方面，它对企业的生产经营具有重要的指导意义。

其中，销售预算是基于市场分析和销售预测，对企业预期销售量、销售额和销售价格等所做的计划。生产预算是依据销售预算，对生产规模、产品产量、原材料和劳动力需求等生产要素进行详细的计划。成本预算则包括直接材料成本、直接人工成本、制造费用等，是企业控制成本、提高效益的重要依据。费用预算涉及企业管理费用、销售费用、财务费用等，对企业的费用开支进行事前规划，以确保企业运营的高效和成本的合理控制。

（2）财务预算。

财务预算是指在企业进行全面预算管理的过程中，为了预测和规划预算期间内的财务状况、现金流量和财务成果而编制的预算。它是企业财务管理的重要组成部分，也是企业制定和执行财务战略的基础。

财务预算主要包括现金预算、预计损益表（或称为预计利润表）和预计资产负债表3个方面。现金预算反映了企业在预算期内由于生产经营和投资活动所引起的现金收入、现金支出和现金余缺情况，是企业安排资金、筹措资金的重要依据。预计损益表（或称为预计利润表）综合反映企业在计划期生产经营的财务情况，包括销售收入、变动成本、固定成本和税后净收益等构成情况，是企业经营活动最终成果的重要依据。预计资产负债表主要用来反映企业在计划期末那一天预计的财务状况，包括资产、负债和所有者权益的预期余额，它的编制需以计划期开始日的资产负债表为基础，并根据计划期的各项预算进行调整。

财务预算的编制和执行，有助于企业更好地预测财务结果，控制财务风险，合理配置财务资源，提高财务管理水平，为实现企业的长期发展战略和财务目标提供支持。

（3）投资性预算。

投资性预算是指企业在进行全面预算管理的过程中，为了规划和控制预算期间内的资本支出和长期投资活动而编制的预算。这种预算通常涉及企业的固定资产投资、股权投资、债权投资等，它对企业的资本结构、投资规模和投资回报具有重要的指导意义。

投资性预算涉及企业的资本支出，如固定资产投资预算、研发投资预算等，是对企业长期发展的投资计划。

其中固定资产投资预算是企业出于扩大生产能力、提高产品质量、增加产品种类、提高生产效率等目的，对厂房、设备、土地等进行投资的计划。股权投资预算主要指企业对其他企业或项目的股权投资，包括对子公司、合营企业、联营企业的投资，以及通过购买股票、股权投资基金等方式进行的投资。债权投资预算包括企业通过购买债券、提供贷款、参与债务重组等方式进行的投资。

投资性预算的编制和执行，不仅涉及企业的资本支出，还涉及企业的资本运作和风险管理。通过这样的全面预算管理，企业能够更好地规划和控制投资活动，提高投资效益，实现企业战略目标。

总之，全面预算管理是企业实现战略目标、提高运营效率、降低财务风险的重要工具。通过全面预算管理，企业可以更好地规划资源、控制成本、提高盈利能力，并确保企业的可持续发展。

8.2 运营资本与企业资金管理

运营资本的风险和收益

运营资本（Working Capital）是指企业在日常经营活动中用于支持其运营的流动资产，以及与这些流动资产相关的负债。它包括企业持有的现金、应收账款、存货以及其他可以在短期内转换为现金的资产，同时还包括企业应付的账款、短期债务等流动负债。

运营资本是企业管理的重要一环，因为它直接影响企业的流动性和运营效率。企业需要保持适当的运营资本水平，以确保能够满足日常的现金流需求，包括支付应付账款、购买原材料、支付工资和租金等，以及应对突发事件或市场变化带来的额外支出。

运营资本的管理通常涉及现金流管理、应收账款管理、存货管理、应付账款管理和短期融资等，其中，进行现金流管理可以确保企业有足够的现金流入以应对流出；进行应收账款管理，可以帮助企业优化应收账款的回收，减少坏账风险；存货管理可以帮助企业控制存货水平，以减少资金占用和存货过时风险；应付账款管理可以让企业合理安排应付账款，为供应商提供的信用；短期融资是通过银行贷款、商业承兑汇票等方式筹集短期资金。

企业运营资本的有效管理对于保持企业良好的财务状况、提高资本使用效率以及实现长期可持续发展至关重要。

（1）企业运营资本的风险。

企业运营资本的风险指的是在资本运作过程中，由于外部环境的不确定性、市场波动、经营决策失误、内部管理缺陷等因素，可能导致企业面临财务损失、现金流紧张、资产减值、融资成本上升等不利局面。这些风险包括但不限于：

①市场风险，如市场需求下降、竞争加剧、消费者偏好变化等。

②信用风险，如客户违约、应收账款难以收回等。

③流动性风险，如现金流量不足、无法及时偿还债务等。

④操作风险，如内部流程失误、人员疏忽、系统故障等。

⑤法律和合规风险，如违反法律法规、面临诉讼和罚款等。

⑥汇率风险，如外汇波动影响跨国企业的财务状况。

⑦利率风险，如利率变动影响企业的借贷成本和投资回报。

（2）企业运营资本的收益。

运营资本的收益指的是企业通过其运营活动所获得的利润或回报。这通常包括产品或服务的销售收入，以及企业在日常运营过程中所形成的现金流。运营资本的收益取决于多种因素，包括企业的运营效率、产品质量、市场需求等。在良好的运营环境下，企业能够实现稳定的运营资本收益，为企业的发展提供所需的资金支持。同时，有效的运营资本的收益也对企业的信誉和品牌形象产生积极影响，有助于吸引更多的客户和投资者。

比如，私募股权投资集团太盟投资通过投资万达商管，期望获取企业未来的成长收益；华宝证券在金融市场通过创新资金战略和卓越业务执行，实现丰富的综合收益；都是运营资本收益的一部分。

企业运营资本的收益包括：

①利润增长：通过提高销售、降低成本、提高效率等手段实现的利润增长。

②投资回报：企业投资于有利的项目或资产，获得的较高回报。

③成本效率：通过优化资本结构和管理，降低融资成本，提高资本使用效率。

④现金流管理：良好的现金流管理可以提高企业的灵活性和抗风险能力。

⑤财务杠杆：适度利用财务杠杆可以提高股东的收益率。

⑥市场份额：通过资本运营，企业可以扩大市场份额，增强市场竞争力。

⑦品牌价值：资本运营有助于品牌建设和价值提升。

⑧创新能力：资本支持有助于企业的研发和创新，推动长期增长。

运营资本的风险和收益的特点，体现了企业财务管理中的基本规律和原则，即风险与收益并存。但运营资本的风险和收益是相互的，因此，企业在运营资本管理中需要在风险和收益之间进行权衡。企业需要在追求收益最大化的同时，充分认识和评估运营过程中的各种风险，并采取相应的风险管理措施，以实现风险与收益的平衡，确保企业的长期稳定发展。

如何合理配置运营资本

运营资本的风险和收益并存，企业想要保持足够的流动性来应对日常运营中的现金需求，包括支付员工工资、购买原材料、偿还债务等，就需要合理配置运营资本。

那么，企业应该如何来合理配置运营资本呢？

企业合理配置运营资本是确保企业正常运营和实现价值最大化的重要环节。通过合理安排资金合理配置资本，企业可以避免过度借债或支付高额利息，从而降低融资成本，更有效地利用现有资源，提高资金的使用效率，从而增加利润。由于市场环境和经济周期不断变化，合理配置资本可以使企业可以更好地管理财务风险，包括利率风险、货币风险和流动性风险等，让企业保持竞争力。企业可以通过下面几个途径来合理配置运营资本。

（1）明确资本用途。

企业首先需要明确资本将用于哪些方面，包括但不限于生产、研发、市场推广、人才引进等。比如，某公司计划扩大生产线以满足市场需求，需要进行设备更新和技术升级，就明确资本用途为购买新设备、研发新技术和扩大市场营销。

（2）财务分析。

进行全面的财务分析，包括现金流预测、资产负债表、利润表等，以了解企业的财务状况和资金需求。比如，某公司在明确资本用途后进行了财务分析，发现目前的现金流状况良好，但为了扩大生产，需要额外的资金投入。资产负债表显示公司有足够的资产作为抵押，可以申请贷款。

（3）风险评估。

对可能面临的风险进行评估，包括市场风险、信用风险、操作风险等，并制定相应的风险控制措施。比如某公司评估了市场风险，发现竞争对手也在扩大生产，可能会导致价格战；在信用风险方面，该公司有良好的信用记录，只是如果市场不景气，可能会导致应收账款增加；在操作风险方面，新设备的采购和安装可能会有延迟和技术问题等风险。

（4）资本结构优化。

根据企业的财务状况和资金需求，优化资本结构，平衡债务和股权融资，降低融资成本。比如，基于上述评估，某公司决定采用债务和股权融资相结合的方式，通过发行债券和向股东增发股票来筹集资金，以保持资本结构的平衡。

（5）资金管理。

建立有效的资金管理体系，包括资金筹集、使用、监督和回收等环节，确保资金的高效使用。比如，某公司建立了一个资金管理系统，包括定期的现金流预测，以确保资金充足。同时，该公司通过实施严格的信用政策和应收账款管理制度来减少坏账风险。

（6）内部融资。

优先考虑内部融资。通过改善内部管理，提高资金使用效率，减少对外部融资的依赖。比如，某公司首先通过优化内部流程，减少不必要的开支，提高资金使用效率，如通过精益生产减少废物，提高原材料的使用效率等。

（7）外部融资。

当内部融资无法满足需求时，考虑外部融资，包括银行贷款、发行债券、股权融资等。比如，由于内部融资无法满足全部需求，某公司向银行申请了贷款，并发行了公司债券，同时，该公司也与风险投资公司接洽，探讨股权融资的可能性。

（8）灵活应对。

市场环境和企业状况是不断变化的，企业应保持灵活性，根据实际情况调整资本配置策略。比如，市场需求不如预期，公司准备调整资本配置，减少在市场营销上的投入，转而加强研发，以适应市场变化。

（9）遵守法规。

在资本运营过程中，企业必须遵守相关法律法规，确保资本运营的合法性和合规性。

（10）持续监控。

对资本运营的效果进行持续监控和评估，确保资本的有效投入和合理配置。比如，可以通过设立财务监控机制，对比实际的销售收入和预期的投资回报，来评估市场营销活动的效果。

营运资本的投资和筹资策略

营运资本的投资和筹资策略是企业财务管理的重要组成部分，关系到企业流动资产和流动负债的管理，以及日常经营活动的资金需求。

（1）营运资本的投资策略。

营运资本的投资是指企业在日常运营过程中，对流动资产（如存货、应收账款等）和流动负债（如应付账款、短期借款等）的管理与运用，其核心目的是确保企业在满足正常运营需求的同时，能够有效地提升资金的使用效率，降低资金成本，并控制相关的财务风险。

具体来说，营运资本的投资策略可以分为以下三种类型：

①保守型投资策略。表8-1为保守型投资策略的特点。在保守型投资策略下，企业往往会持有较高比例的流动资产，以确保有足够的资金应对可能出现的经营风险。保守型策略通常伴随着较高的持有成本（尤其是机会成本），但短缺成本较低，因为企业有较充足的流动资产来应对突发情况。

表8-1　保守型投资策略的特点

特点	流动资产/销售收入，这个比率较高，意味着持有较多的流动资产来应对可能的经营风险
优点	风险较低，有利于保持经营的稳定性
缺点	可能会增加资金成本，降低资金的使用效率

②适中型投资策略。表8-2为适中型投资策略的特点。适中型投资策

略试图在流动资产的持有成本和短缺成本之间找到一个平衡点，它要求企业持有的流动资产能够满足正常的运营需求，同时避免过多地持有导致机会成本增加或资金利用效率降低。

表8-2　适中型投资策略的特点

特点	短期成本与持有成本之和最小，即在满足流动资产需求的同时，尽量减少资金成本
优点	平衡风险与收益，有助于提高资金的使用效率
缺点	对资金管理的要求较高，需要精确预测流动资产的需求

③激进型投资策略。表8-3为激进型投资策略的特点。在激进型投资策略下，企业会倾向于持有较少的流动资产，以降低持有成本，但可能会面临较大的短缺成本，因为流动资产不足可能导致无法及时满足经营需求，从而影响企业的正常运作。

表8-3　激进型投资策略的特点

特点	流动资产／销售收入，这个比率较低，倾向于使用较少的流动资产来支持较大的销售规模
优点	资本成本较低，有助于提高企业的盈利能力
缺点	风险较高，可能会因资金不足而影响企业的正常运营

因此，企业在选择适当的营运资本投资策略时，需要综合考虑自身的经营状况、市场环境、资金成本以及风险承受能力等因素。此外，企业还应当根据市场变化和经营战略的调整，灵活地调整其营运资本的投资策略，以保持企业的竞争力和持续发展能力。

（2）营运资本的筹资策略。

营运资本的筹资是指企业为满足其流动资产（如应收账款、存货等）的需求而筹集资金的过程。这些资金通常用于支持企业的日常运营，如购买库存、支付工资和租金等。

营运资本的筹资策略关注的是如何平衡企业的流动资产和流动负债，以确保企业有足够的资金来履行短期财务义务，同时也能够把握长期的增长机会。

和营运资本的投资策略一样，营运资本的筹资策略也可以分为三种类型。

①保守型筹资策略。表8-4为保守型筹资策略的特点。这种策略倾向于使用更多的长期资金来源（如长期债务和股东权益）来支持流动资产。这种策略虽然减少了企业的财务风险，但也可能会增加资本成本。

表8-4　保守型筹资策略的特点

特点	长资短用，即长期资金来源支持波动性流动资产和稳定性流动资产，而短期金融负债只融通部分波动性流动资产的资金需求
优点	资本结构稳定，风险较低
缺点	资本成本较高，可能会降低企业的财务弹性

②适中型筹资策略。表8-5为适中型筹资策略的特点。这种策略试图在流动资产的筹资上平衡短期和长期资金来源。波动性流动资产（如季节性库存）通常通过短期负债（如银行贷款）来融资，而稳定性流动资产（如常备库存）和长期资产则通过长期资金来源来融资。

表8-5　适中型筹资策略的特点

特点	长期来源等于长期资本的需要，短期来源等于短期资金的需要，波动性流动资产等于短期金融负债，低谷期易变现率等于1
优点	风险与收益适中，有利于保持企业财务的稳健性
缺点	对资金的管理要求较为严格，需要精确控制流动资产和负债的比例

③激进型筹资策略。表8-6为激进型筹资策略的特点。这种策略倾向于使用更多的短期资金来源（如短期债务）来支持流动资产。这可能会降低资本成本，但也会增加企业的财务风险，因为需要不断重新筹集资金来满足到期债务。

表 8-6　激进型筹资策略的特点

特点	短资长用，即短期金融负债不仅融通波动性流动资产，还部分或全部支持稳定性流动资产
优点	资本成本低，有助于提高企业的财务杠杆
缺点	风险较高，可能会增加企业的财务压力，影响企业的长期发展

总体而言，不同的筹资策略和投资策略的特点也不同，企业在制定营运资本筹资策略时，需要考虑自身的经营状况、市场条件、资金成本以及风险承受能力。良好的筹资和投资策略能够确保企业在面对不确定性时保持灵活性，并能够有效地管理其资金流动。

银行与企业现金流的关系

企业在日常运营中会不断发生资金的流入和流出，这些资金的流入和流出构成了企业的现金流量。银行作为企业主要的资金存放和贷款机构，通过各种金融服务和信贷产品影响企业的现金流量，在企业的现金流量管理中扮演着重要的角色，与企业的现金流存在着密切的关系。

首先，企业在银行开立账户，存款和取款都会直接影响企业的现金流量。当企业将现金存入银行时，现金流量表中应当体现为现金流入；当企业从银行提取现金时，现金流量表中则体现为现金流出。这些操作都直接关系到企业现金的存量，进而影响企业的资金运用和财务状况。

其次，银行提供各种金融服务，如贷款、信用额度、结算服务等，这些服务可以帮助企业管理和调配现金流。当企业面临现金短缺时，可以通过银行贷款来补充现金流入，满足经营和投资的需要。同时，企业也可以利用银行提供的信用额度进行融资，从而优化现金流的运用。

此外，银行还参与企业的资金管理，如企业可以将闲置资金存入银行，获取利息收入，或者通过银行进行投资，实现资金的保值增值。银行还可以为企业提供现金管理服务，帮助企业提高资金使用效率，降低资金成本。

然而，银行在提供金融服务时，对企业现金流量的风控标准也是极为严格的。以国内四大银行为代表的大型商业银行，在审批企业贷款时，都会重点关注企业的现金流量状况。银行会要求企业提供详细的现金流量表，以及相关的财务和经营数据，以评估企业的现金流稳定性和还款能力。具体来说，银行会从现金流量的充足性、稳定性和质量三个方面对企业的现金流量进行风控评估。

现金流量的充足性：银行会关注企业经营活动产生的现金流量是否足够覆盖其日常运营和偿债需求。如果企业的现金流量不足，银行可能会要求企业提供额外的担保或降低贷款额度。

现金流量的稳定性：银行还会分析企业现金流量的历史数据，以评估其稳定性和可预测性。如果企业的现金流量波动较大或呈现下降趋势，银行可能会对企业的还款能力产生担忧。

现金流量的质量：除了充足性和稳定性外，银行还会关注企业现金流量的质量。这包括现金流量的来源和结构是否合理、是否存在大量非经营性现金流入等。如果企业的现金流量质量不佳，银行可能会对其贷款申请持谨慎态度。

企业现金流量对银行来说具有极其重要的意义。银行在审批贷款时，会严格把控企业的现金流量状况，以确保贷款资金的安全性和收益性。同时，这也提醒了企业在日常经营中要更加关注现金流量的管理，保持现金流的稳定和健康，为企业的持续发展提供有力保障。

综上所述，银行与企业现金流的关系体现在银行作为企业现金流管理的重要参与者，通过提供各类金融服务，帮助企业实现现金的收支平衡，提高资金使用效率，促进企业的稳健运营和持续发展。

供应链的现金流管理

供应链的现金流管理是指在整个供应链体系中，对资金的流入和流出进行有效的计划、跟踪和控制的流程。这一过程涉及从原材料采购到产品生产、库存管理、物流配送以及最终销售的每一个环节。现金流管理的主要目标是确保供应链中各环节的资金运作顺畅，降低资金成本，提高资金使用效率，从而为整个供应链的稳定运行和持续发展提供有力的财务支持。

一般而言，供应链现金流管理的关键要素包括资金计划、资金筹集、现金流控制、风险管理、现金流分析和合作关系。

（1）资金计划。

企业需要预测未来的资金需求，并据此制订资金筹集的计划。这包括对营运资本的需求、资本支出以及可能影响现金流的其他因素（如市场变化、季节性波动等）的预测。

（2）资金筹集。

企业通过不同的融资渠道筹集资金，如银行贷款、发行债券、股权融资等。对于中小企业，供应链金融（如基于应收账款的融资）也是重要的资金筹集方式。

（3）现金流控制。

通过管理应收账款、应付账款和库存等来控制现金的流入和流出。例如，加快应收账款的回收、延长应付账款的支付周期、优化库存管理等都可以提高现金流量。

（4）风险管理。

风险管理包括对信用风险、市场风险、操作风险等进行管理，以减少可能对现金流产生负面影响的突发事件。

（5）现金流分析。

通过对财务报表如现金流量表进行分析，来监控现金流的状况，评估资金的使用效率，并对资金管理策略进行相应的调整。

（6）合作关系。

与供应链中的合作伙伴建立良好的合作关系，包括供应商、客户以及金融机构，可以有效地协调资金流，降低融资成本，提高资金使用效率。

针对上面关键要素的分析，企业可以根据下面的步骤来做好供应链的现金流管理。

（1）预测和规划。

企业需要建立准确的现金流预测模型，综合考虑市场趋势、订单变化、生产周期、季节性等多方面因素，以预测未来一段时间内的现金流入和流出。

（2）信息流集成。

通过集成的信息系统，如 ERP 与其他供应链管理软件，实时监控库存、订单处理、生产进度等关键信息，确保信息流的畅通无阻，以支持现金流的有效管理。

（3）资金流优化。

与供应商和客户协商更有利的支付条款，比如延长支付周期或提前支付折扣，来优化资金流。同时，可以考虑使用金融工具，如信用证、保理等，来改善资金流和降低融资成本。

（4）库存管理。

保持适当的库存水平，避免库存过多导致的资金占用和存储成本，同时也要避免库存不足影响生产和交货。通过精细的库存管理和优化库存周转，可以提升资金的使用效率。

（5）成本控制。

监控和控制运营成本，确保成本在收入范围内，防止不必要的浪费。通过持续的成本优化和效率提升，来增强现金流的正向效应。

（6）应急准备。

为应对突发事件或市场变化，企业应保持一定量的现金储备，以应对可能出现的紧急支出或收入下降。

（7）融资渠道。

考虑并建立多样化的融资渠道，如银行贷款、债券发行、私募融资等，以适应市场变化和企业发展的资金需求。

（8）供应链协同。

与供应链上的合作伙伴建立紧密的协同关系，通过共享信息、资源和风险，来提升整个供应链的现金流管理能力。

（9）持续改进。

通过定期的绩效评估和流程审计，不断改进现金流管理的过程，以适应市场和企业的变化。

通过这些综合措施，企业不仅可以更好地管理供应链的现金流，还可以提升整个供应链的灵活性和抗风险能力，为企业的长期发展打下坚实的基础。

8.3　未来现金流的预测和管理

如何合理预测企业未来现金流

预测企业未来现金流对于企业的管理和决策制定至关重要。在财务规划上，对企业现金流进行预测，可以帮助企业做好财务的规划；企业需要对其财务资源进行有效规划，以确保有足够的现金流来满足其运营需求，包括支付债务、购买库存、支付工资和其他经营成本；在决策支持方面，现金流预测为管理层提供了重要的信息，以支持关键的财务决策，如资本支出、投资评估和融资策略；在风险管理与防范上，通过预测现金流，企业可以识别如现金流短缺等潜在的财务问题，并采取措施来避免这些问题，如通过调整经营策略或筹集额外资金；在运营效率上，了解未来的现金流可以帮助企业更有效地管理其运营，例如通过改善应收账款和库存管理，减少资金占用。因此，企业应该做好现金流预测工作。

为了合理预测未来现金流，企业可以采取以下步骤和方法。

（1）明确预测的目的和期限，做好现金流预算。

企业首先需要明确现金流预测是为了短期资金管理、中期运营规划还是长期战略制定。预测的期限也会影响预测的准确性和方法的选择。

其次，制定现金流预算是预测和规划未来现金流的基础。预算应该包括所有的现金流入和现金流出，例如销售收入、成本、工资、税费等。预算时需要结合历史数据、市场趋势、行业变化等因素进行综合考虑，并根据实际情况进行修正和调整。

（2）收集和分析历史数据。

历史现金流数据是预测未来现金流的基础。通过分析历史数据，企业可以了解现金流入和流出的规律，以及影响现金流的主要因素，比如，销售额下降、应收账款增加、库存积压等都会导致现金流紧张。企业可以根据分析结果采取相应的措施，比如，加大市场营销力度、优化库存管理、加强应收账款管理等，以稳定现金流。

（3）考虑未来计划和战略。

企业的未来计划，如市场扩张、新产品开发、设备更新等，都会影响现金流。同时，企业的战略目标，如盈利能力、市场份额、品牌价值等，也应体现在现金流预测中。

（4）预测现金流入。

预测现金流入包括主营业务收入、其他业务收入、投资收益等。需要根据市场趋势、企业竞争力和以往经验来估计未来的现金流入。

（5）预测现金流出。

预测现金流出包括生产成本、运营费用、税费、资本支出等。企业应根据成本控制策略、生产效率、税收政策和资本支出计划来预测。

（6）使用预测方法。

预测方法有现金收支法、净收益调整法等。这些方法可以帮助企业系统地进行现金流预测，并考虑到不确定因素。

（7）建立现金流预测模型。

通过财务建模，将各种预测数据输入模型，可以更直观地看到不同变量对现金流的影响，并可以用于模拟不同情景下的现金流状况。建立现金流预测模型，一方面可以让企业及时发现问题并采取措施予以解决。另一方面，可以让企业定期并及时对现金流预算进行修正和调整，以适应市场变化和企业发展需求。

（8）考虑风险因素。

在预测过程中，应充分考虑可能影响现金流的风险因素，如市场波动、政策变化、竞争行为等，并对这些不确定因素进行风险评估和应对策略制定。

此外，企业还可以利用财务工具进行风险管理，比如优化资产负债结构、建立预算储备金、采用保险等方式。这些措施可以有效降低企业面临的风险，增强企业的抗风险能力，从而保证现金流的稳定性。

（9）定期更新和调整。

企业应定期根据实际运营情况和市场变化更新现金流预测，以确保预

测的准确性和及时性。

（10）保持流动性管理。

企业应保持一定的流动性，以应对突发事件或市场变化，确保企业有足够的现金储备来应对不确定性。

如何预测未来现金持有量

企业未来现金持有量，指的是企业在未来一段时间内计划或预期保有的现金金额。这是财务规划的范畴，涉及企业如何预测和满足其生产经营活动中对现金的需求。具体来说，它包含了以下几个层面的意义。

一是交易性需求。企业为了维持日常运营，如购买原材料、支付工资、偿还债务等，需要保持一定量的现金。

二是预防性需求。为了应对突发事件或经济不确定性，企业会储备一定量的现金作为风险准备金。

三是投资性需求。企业可能会持有一定量的现金，以抓住潜在的投资机会，如市场上有吸引力的投资标的或有利可图的商业项目。

企业对未来现金持有量的管理，实际上是在寻求一个平衡点，这个点能最大限度地减少持有现金的成本（包括机会成本、管理成本和短缺成本），同时确保企业资金链的稳定和经营活动的正常进行。企业需要通过精确的财务分析和预测，来确定在特定时期内保持的现金金额，以支持企业的长期发展战略和短期运营需要。

预测企业未来现金持有量是一个复杂的财务分析过程，涉及对企业现金流量的预测和管理。以下是预测企业未来现金持有量的一些常用方法。

（1）历史数据分析。

历史数据分析，即分析企业过去的现金流量表，了解现金流入和流出的历史趋势，以此来识别现金流量的季节性变化和周期性波动。

（2）现金流量预测。

现金流量预测是根据历史数据，结合企业的经营计划和宏观经济条件，预测未来的现金收入和支出，然后根据企业实际的运营情况，考虑不确定性和潜在的风险，对预测结果进行保守调整。

（3）成本分析。

评估持有现金的成本，包括机会成本（失去的利息收入）、管理成本（现金管理的费用）和短缺成本（因现金不足而造成的损失）。通过成本分析，确定最佳现金持有量，即持有现金的总成本最低的金额。

（4）现金周转模型。

现金周转模型可以让企业根据自身的现金周转速度和预计的现金需求量，计算现金的最佳持有量。现金周转速度可以通过分析存货周转率、应收账款周转率等指标来估计。

（5）随机模型。

随机模型是根据企业现金流量的不确定性，使用概率模型来预测现金持有量。这种模型可以帮助企业在不同的现金流量情景下，评估现金持有量的合理性。

（6）因素分析。

因素分析是考虑影响现金流量的外部因素，如市场条件、竞争环境、法律法规变化等。通过分析这些因素对企业现金流量的潜在影响，调整对现金持有量的预测。

（7）财务建模。

财务建模是通过建立财务模型，模拟不同情况下的现金流量，以测试现金持有量的弹性。利用财务模型进行敏感性分析，评估关键假设变化对现金持有量的影响。

（8）定期复审。

定期复审和调整现金持有量的预测，以反映企业实际情况的变化。使用定期复审时，还应该考虑市场条件、企业战略和运营状况的变化，灵活调整现金管理策略。

未来现金流预测的拆解和分裂

未来现金流预测的拆解和分裂，实际上指的是在进行现金流预测时，将预测的过程分解为几个关键部分或步骤，并对每个部分进行独立分析和评估的过程。

（1）时间维度的拆解。

将未来的现金流预测分解为短期、中期和长期预测。短期通常指1年以内，中期一般指1~3年，长期则是3年以上。不同时间维度的预测关注点不同，例如短期预测更侧重于流动资产和负债的管理，而长期预测则更多考虑资本支出和收益增长。

（2）业务活动的拆解。

按照企业的经营活动、投资活动和筹资活动来分类预测现金流。经营活动现金流涉及主营业务收入、成本和费用等；投资活动现金流包括固定资产和无形资产的购置、出售以及并购等；筹资活动现金流则涉及借款、偿还债务、股利支付等。

（3）财务报表的拆解。

在预测现金流时，需要分别考虑资产负债表、损益表和现金流量表之间的勾稽关系。例如，从资产负债表出发，预测未来资产的增长、负债的变动以及所有者权益的变化；从损益表出发，预测未来收入、成本和利润；最后将这些预测综合到现金流量表中，得出未来现金流的预测。

（4）现金流量的拆解。

将现金流量分为现金流入和现金流出两部分进行预测。现金流入包括但不限于销售收款、投资收益、借款等；现金流出则包括采购支付、运营费用、资本支出等。

（5）风险因素的拆解。

在预测现金流时，需要考虑各种风险因素对现金流的影响，如市场风险、信用风险、操作风险等。对风险因素进行独立分析，评估它们可能对现金流造成的影响，并在预测中考虑这些影响。

通过这种拆解和分裂的方法，企业可以更细致、更全面地审视未来现金流的情况，从而提高预测的准确性和有效性。同时，这种分析方法也有助于企业识别和管理与现金流相关的风险，优化资金管理策略。

制定未来现金流规划

企业未来现金流规划是指企业对预计在未来一定时期内的现金流入和流出进行系统的分析和计划的过程。这种规划通常涉及对企业的经营活动、投资活动和筹资活动产生的现金流进行预测，并在此基础上制定相应的财务策略，以确保企业在未来能够满足运营资金需求、偿还债务、进行投资扩张或其他财务目标。

企业未来现金流规划是确保企业长期稳定发展的重要财务手段，而制定企业未来现金流规划是一个系统的过程，涉及对企业当前和未来财务状况的深入分析。以下是制定企业未来现金流规划的基本步骤。

（1）明确目标和原则。

确定企业长期和短期的财务目标，包括扩张、盈利、债务偿还、资本支出等，制定现金流规划的原则，如确保流动性和偿债能力，优化资本结构，提高资金使用效率等。

（2）收集和分析数据。

收集企业历史财务数据，包括资产负债表、利润表和现金流量表，分析行业趋势、市场竞争、宏观经济环境等外部因素。

（3）预测未来现金流。

基于历史数据和未来计划，预测企业的经营活动、投资活动和筹资活动产生的现金流入和流出。分项预测营业现金流量、投资现金流量和筹资现金流量。

（4）编制现金流量表。

编制详细的现金流量表，包括经营活动的现金流入和流出、投资活动的现金流入和流出、筹资活动的现金流入和流出。

（5）评估资本结构和资金成本。

评估企业的资本结构，包括债务和股本的比例，以及资金的成本，计算加权平均资本成本（WACC），用于折现未来现金流。

（6）确定资金需求。

根据企业的扩张计划、资本支出和维护运营的需求，确定未来的资金需求。

（7）制定筹资策略。

根据资金需求和资本结构目标，制定筹资策略，包括债务融资、股权融资、内部融资等。

（8）现金流管理。

制定现金流管理措施，如优化应收账款和应付账款管理，控制存货水平，加快回款速度，延长付款周期等。

（9）风险评估和应对。

风险评估可以帮助企业识别可能影响现金流的风险，包括市场风险、信用风险、操作风险等，并制定相应的风险管理和应对措施。

（10）监控和调整。

建立现金流监控机制，定期检查实际现金流与预测的差异，然后根据市场和经营情况的变化，及时调整现金流规划。

（11）制订应急计划。

制订应急计划，以应对突发事件，如市场变化、重要客户违约、突发事件等。

（12）利用财务分析工具。

利用净现值（NPV）、内部收益率（IRR）、现值指数（PV）等财务分析工具，评估投资项目的现金流和财务可行性。

通过以上步骤，企业可以制定切实可行的未来现金流规划，确保企业在面对不确定性时能够保持良好的财务状况和流动性。不过，企业未来现金流规划是一个动态的、持续的过程，需要企业管理层综合考虑内外部多种因素，通过科学的预测和有效的管理措施，确保企业能够在不确定的市场环境中稳健运营。

企业未来现金流规划的目标是确保企业在面对不确定的市场环境时，能够保持良好的流动性，避免财务危机，同时为企业的长期发展和价值创造提供稳健的财务支持。通过有效的现金流规划，企业可以更好地管理财务风险，提高资金使用效率，增强企业的灵活性和竞争力。

结合现金预算编制的实际操作

未来现金流的预测和管理与现金预算编制的紧密结合，对企业而言，意味着能够在多变的市场环境中稳固立足，实现持续且健康的发展。这种结合不仅提供了决策层所需的精准财务信息，以支持战略规划和日常运营决策，还有助于企业优化资源配置，提高资金的使用效率。更重要的是，通过预测潜在的现金流波动和风险，企业能够提前采取应对措施，确保资金链的稳定性和安全性。因此，将未来现金流的预测和管理与现金预算编制相融合，是企业实现稳健经营、有效风险防控以及持续市场竞争力提升的关键所在。其具体步骤可以参考以下流程。

（1）明确预测的目的和期限。

预测是为了短期资金管理、中期运营规划还是长期战略制定，这将决定预算的详细程度和所需的数据范围。例如，短期资金管理可能更关注月度或季度现金流，而长期战略制定则可能需要考虑多年的现金流预测。

（2）结合现金预算编制进行预测。

现金预算是一个详细列出企业未来一定时期内（如一个季度、半年或一年）所有预期现金流入和流出的计划。预算不仅包括日常的营业活动，还考虑了投资活动和融资活动。

（3）收集与分析历史数据。

在编制现金预算时，历史现金流数据是宝贵的参考依据。通过分析历史数据，可以了解现金流的波动规律、季节性变化以及主要影响因素。这些数据为预测未来现金流提供了基础。

（4）考虑未来计划与战略。

将企业的未来计划，如新产品推出、市场扩张、设备更新等，纳入现金预算中。同时，结合企业的战略目标，如市场份额增长、盈利能力提升等，对现金流进行预测。

（5）预测现金流入与流出。

基于市场趋势、企业竞争力和历史数据，预测未来的现金流入，包括主营业务收入、其他业务收入等。同时，根据成本控制策略、生产效率、税收政策和资本支出计划，预测未来的现金流出，如生产成本、运营费用、税费等。

（6）使用预测工具与方法。

采用如现金收支法、净收益调整法等预测工具和方法，系统地进行现金流预测。这些方法可以帮助企业更准确地预测未来现金流，并考虑不确定因素。

（7）建立现金流预测模型。

通过财务建模，将各种预测数据输入模型，更直观地看到不同变量对现金流的影响。这不仅可以用于模拟不同情景下的现金流状况，还可以及时发现问题并调整预算。

（8）考虑风险因素与建立储备金。

在预测过程中，充分考虑可能的风险因素，如市场波动、政策变化等。为了应对这些风险，企业可以在预算中建立一定的储备金，以确保在突发情况下现金流的稳定性。

（9）定期更新与调整。

由于市场环境和企业状况都在不断变化，企业应定期更新和调整现金预算。这不仅可以确保预算的准确性和及时性，还可以使企业更好地适应市场变化和发展需求。

（10）保持流动性管理。

企业应保持一定的流动性，以应对突发事件或市场变化。这包括保持一定量的现金储备，以及优化资产负债结构等策略。